Die bewegten Jahre

Münster in Fotos 1978 bis 1989

Im Herbst 1989 bildete das Haus Prinzipalmarkt Nr. 4 eine der letzten Lücken in der Giebelreihe von Münsters Guter Stube. Für den vollständigen Wiederaufbau des im Zweiten Weltkrieg zerstörten Gebäudes fehlte Mitte der 1950er Jahre schlichtweg das Geld, so wurden nur Erdgeschoss und erstes Obergeschoss errichtet. Dabei blieb es für vier Jahrzehnte. Erst 1996 wurde der Wiederaufbau des Giebels vollendet.

Herausgegeben vom
Stadtmuseum Münster

Axel Schollmeier

Die bewegten Jahre

Münster in Fotos 1978 bis 1989

Aschendorff
Verlag

Dank

Werner Ahlmer, Amt für Grünflächen und Umweltschutz, Stadt Münster
Elmar Balster, Berlin
Nina Balster und Karl-Heinz Gottemeyer, Imperia-Poggi (Italien)
Wolfgang Beckermann, Greven
Dr. Burkhard Beyer, Aschendorff Verlag, Münster
Monika Bitter, Presse- und Informationsamt, Stadt Münster
Moritz Brilo, Dorsten
Doris und Norbert Bröker, Münster
Andreas Ermeling, Kulturamt, Stadt Münster
Dietlind Fischer, Münster
Folker Flasse, Münster
Manfred Geuer, Münster
Franz-Josef Görtz, Münster
Ines und Lutz Grossmann, Münster
Rudolf Koolwaay, Amt für Grünflächen und Umweltschutz, Stadt Münster
Diddi Kröhn, Münster
Ingrid Kunze, Münster
Rainer Liedmeyer, Ultimo Verlag, Münster
Maria Look, Justizvollzugsanstalt Münster
Burkhard Lotz, Abfallwirtschaftsbetriebe Münster
Angelika Osthues, Münster
Bernd Pirrone, Münster
Mechthild von Prondzinski und Winfried Lutz, Münster
Uta Ribbert, Münster
Marianne Röhr, Münster
Bernd Schirwitz, Sportamt, Stadt Münster
Thorsten Schmidt, Zeitungs- und Pressearchiv der ULB Münster
Jens Schneiderheinze, Münster
Walter Schröer, Münster
Mona Siebke, Berlin
Ralph Spangenberg, Münster
Christian Steinhagen, Münster
Wilhelm Walterscheid, Münster
Lothar Westphal, Münster

Inhalt

Vorwort

Seit 2004 steht die Zeitgeschichte Münsters seit den 1940er Jahren im Zentrum unseres Ausstellungsprogramms: Nun wird der Band für den Zeitraum von 1978 bis 1989 vorgelegt. „Die bewegten Jahre. Münster in Fotos 1978 bis 1989" – die fünfte Präsentation zur Ausstellungsreihe unterschreitet sogar „die historische Grenze" von dreißig Jahren zur Freigabe von Archivmaterial. Der stellvertretende Museumsleiter Dr. Axel Schollmeier beschäftigt sich seit nahezu zehn Jahren intensiv mit der Zeitgeschichte Münsters. Er hat viele interessante Kontakte zu Zeitzeugen aller Altersgruppen aufgebaut, so dass auch diese Zeitspanne realisierbar schien. Die Darstellung der zahlreichen alternativen Bewegungen rund um die damals sogenannte Dritte Welt, die Umwelt oder gegen Atomkraft ist durchaus eine Herausforderung: Zum einen ließen sich die Aktivisten aufgrund möglicher drohender Berufsverbote nur ungern fotografieren, zum anderen waren viele von ihnen nur kurze Zeit aktiv. Das hatte oftmals zur Folge, dass beispielsweise beim nächsten Umzug der „studierenden Bewegten" Unterlagen und Fotos in den Müll flogen. Außerdem wird es – je weiter wir uns der Gegenwart nähern – nicht einfacher, die zentralen und zeittypischen Bilder aus den ungeheuren Mengen an Fotografien herauszufiltern. Umso mehr wird dieser Begleitband zur Ausstellung aufgrund der getroffenen Bildauswahl auf großes Interesse stoßen.

Zahlreichen Personen – Münsteranerinnen und Münsteranern und solchen, die heute teilweise hunderte Kilometer entfernt von Münster leben – sind wir für ihre Unterstützung dankbar. Besonderer Dank gilt vor allem dem Fotografen der Zeitung Westfälische Nachrichten, Matthias Ahlke, dessen Bilder den Grundstock für diese Präsentation bilden. Wir danken Anna Krause für die Genehmigung, zahlreiche Aufnahmen ihres verstorbenen Ehemannes Rudolf Krause verwenden zu dürfen, die uns vom Aschendorff Verlag zur Verfügung gestellt wurden. Von denen, die weitere Fotos und wertvolle Hinweise beisteuerten, können hier nur stellvertretend Didi Kröhn, Bernd Pirrone und Christian Steinhagen genannt werden. Ohne die professionelle Arbeit unserer Fotoabteilung – Tomasz Samek, Andreas Reimer und Gregor Wintgens –, die in bewährter Weise die Aufarbeitung der Fotos für Druck und Ausstellung übernommen hat, lägen die Fotografien nicht in der gewohnten Qualität vor. Aus dem Stadtmuseum wurde

Dr. Axel Schollmeier von der studentischen Hilfskraft Laura Feikus, unserer wissenschaftlichen Volontärin Regine Schiel M.A. sowie der wissenschaftlichen Mitarbeiterin Dr. Edda Baußmann bei der Recherche und beim Korrekturlesen unterstützt. Ihnen allen gilt mein herzlicher Dank.

Die komplexen und uns auch noch so nahen 1980er Jahre stellten eine besondere Herausforderung bei der Recherche und Auswahl der Fotografien dar. Dr. Axel Schollmeier hat in seiner gewohnt kenntnisreichen Art und Weise eine ausgewogene, abwechslungsreiche und für den Zeitraum repräsentative Fotoausstellung zusammengetragen. Wieder ist ihm ein gut geschriebenes und interessantes Buch gelungen – dafür möchte ich ihm herzlich danken!

Und so freue ich mich nun, mit diesem Buch unsere erfolgreiche Reihe weiter fortzusetzen und hoffe auf großes Interesse an dieser bewegten Zeit.

Dr. Barbara Rommé
Leiterin des Stadtmuseums Münster

Die bewegten Jahre 1978 bis 1989

Die späten 1970er und die 1980er Jahre waren eine Zeitspanne umfassender politischer und gesellschaftlicher Bewegungen, die tiefgreifende Veränderungen bewirkten. Die Bonner Wende und die friedliche Revolution in der DDR brachten Bewegung in das politische System. Aber auch im Bewusstsein der bundesdeutschen Bevölkerung fand ein bewegter Wandel statt: Die Empfindung einer ökonomischen Zukunftsgewissheit wich zunehmend einem ökologischen Krisenbewusstsein. Insofern waren die Jahre zwischen 1978 und 1989 auch aus heutiger Perspektive die „bewegten Jahre".

Die politische Situation

In der Bundestagswahl des Jahres 1976 wurde die sozialliberale Koalition nur knapp bestätigt. Der erstmals als Kanzlerkandidat antretende Dr. Helmut Kohl konnte sich nicht gegen den amtierenden Bundeskanzler Helmut Schmidt durchsetzen. Mit 48,6 Prozent der Stimmen hatten CDU und CSU die absolute Mehrheit verfehlt. SPD wie FDP mussten Stimmenverluste hinnehmen, konnten aber ihre Koalition fortsetzen. Doch hatte sich gezeigt, dass es der CDU unter Kohl gelungen war, die Partei zu modernisieren und zu einer kampagnenfähigen Mitgliederorganisation zu machen. Die Stimmengewinne der Sozialdemokraten in den Landtagswahlen der Jahre 1978 und 1979 dienten der CSU als Argument, für die Bundestagswahl 1980 einen neuen Kanzlerkandidaten aufzustellen. In einer Kampfabstimmung konnte sich der CSU-Vorsitzende und bayerische Ministerpräsident Franz Josef Strauß als Herausforderer von Helmut Schmidt durchsetzen. Der sehr polarisierte Wahlkampf und der umstrittene Kanzlerkandidat zahlten sich für die CDU/CSU nicht aus: Sie erhielten über vier Prozent Stimmen weniger als vier Jahre zuvor. Zugewinne verzeichnete nur die FDP. Letztlich hatte sich damit Helmut Kohl mit seiner politischen Ausrichtung der CDU als „Partei der Mitte" gegen Strauß durchgesetzt. Seine innerparteiliche Position blieb in den nächsten Jahren unangefochten.

Allerdings zeigten sich bald deutliche Risse in der Regierungskoalition von SPD und Liberalen. Für die SPD wurden die Kämpfe zwischen linkem und rechtem Flügel zu einem zunehmenden Problem. Bundeskanzler Schmidt genoss im westlichen Ausland zwar einen guten Ruf als Staatsmann und

Krisenmanager, doch in der eigenen Partei wurde die Durchsetzung politischer Ziele zunehmend schwieriger. So konnte er den NATO-Doppelbeschluss in den eigenen Reihen nur durchsetzen, indem er für den Fall einer Ablehnung mit Rücktritt drohte. Dieser von den NATO-Staaten vereinbarte Beschluss sah vor, von 1983 an neue Raketen in Europa aufzustellen, falls angebotene Verhandlungen zwischen den USA und der UdSSR über eine ausgewogene Begrenzung der Stationierung von Mittelstreckenraketen kein Ergebnis erzielten. In der Bundesrepublik führte die Nachrüstungsdebatte zu einer innenpolitischen Polarisierung und einem starken Anwachsen der Friedensbewegung. Auch vor diesem Hintergrund kommt es im Januar 1980 zur Gründung der Partei Die Grünen als Bundespartei, die bereits an den Wahlen im Oktober teilnahm.

Im Sommer 1981 verschlechterte sich das Klima in der Regierungskoalition erheblich. Der FDP-Parteivorsitzende und Außenminister Hans-Dietrich Genscher und der liberale Wirtschaftsminister Otto Graf Lambsdorff begannen, über den Wechsel des Koalitionspartners von der SPD zur CDU nachzudenken. Vor allem in der Wirtschaftspolitik forderte Genscher eine politische „Wende": Deren Grundzüge hielt Lambsdorff ein Jahr später in einem Strategiepapier fest, in dem er bewusst einen für die SPD unzumutbaren Wandel der Wirtschafts- und Sozialpolitik forderte. Am 17. September 1982 kam es schließlich zum Bruch der sozialliberalen Koalition, indem die vier FDP-Minister ihren Rücktritt erklärten und so ihrer Entlassung zuvorkamen: Die Bonner Wende war vollzogen. Bereits am 28. September schlossen CDU/CSU und FDP eine Koalitionsvereinbarung ab.

Am 1. Oktober 1982 wurde Helmut Schmidt durch ein konstruktives Misstrauensvotum gestürzt und Helmut Kohl als Bundeskanzler gewählt. Kohl wurde zunächst in vielerlei Hinsicht als das Gegenteil von Schmidt dargestellt: Provinzler gegen internationalen Staatsmann, Durchschnittsdeutscher gegen erfahrenen Weltbürger. Doch Helmut Kohl war sicherlich einer der damals am meisten unterschätzten Politiker. Seine Partei kannte ihn als weitsichtigen Strategen und Modernisierer, aber auch als durchsetzungsfähigen Machtmenschen.

Bereits die Vorgängerregierung unter Helmut Schmidt hatte Einschnitte im Sozialsystem angesichts der zunehmenden Staatsverschuldung vornehmen müssen. Die wirtschaftspolitische Kursänderung der neuen Koalition blieb indes weit hinter den radikalen Reformen in Großbritannien und den USA zurück, die die konservativen Regierungen von Margaret Thatcher und Ronald Reagan durchsetzten. Unter Kohl wurden zwar sozialpolitische Kürzungen durchgesetzt, die sozial schwächere Schichten härter trafen und den Mittelstand begünstigten, doch von einem radikalen Kahlschlag konnte nicht die Rede sein. Wichtige wirtschaftspolitische Ziele wie die Verringerung der Staatsschulden, die Senkung der Inflationsrate und das Erreichen eines immerhin moderaten Wirtschaftswachstums setzte die neue Regierung bis Ende der 1980er Jahre um. Die Reduzierung der Arbeitslosigkeit gelang ihr jedoch nicht, vielmehr stieg die Arbeitslosenquote auf ein Rekordhoch von über neun Prozent im Jahr 1985.

Die mit Rücksicht auf den Koalitionswechsel der FDP erst im März 1983 abgehaltene Bundestagswahl bestätigte die neue Regierung: Die CDU/CSU erhielt mit nahezu 49 Prozent ihr bestes Ergebnis seit 1957, die Verluste der FDP hielten sich mit 2,3 Prozent noch in Grenzen. Für die SPD war Dr. Hans-Jochen Vogel angetreten, dem aber Ausstrahlung und Profilierung eines Helmut Schmidt fehlten und der die lange Suche nach einem erfolgreichen Kanzlerkandidaten in der SPD einläutete. Mit dem Sinken der SPD in der Wählergunst war umgekehrt der Aufstieg der Partei der Grünen verbunden. 1983 zog sie mit 5,6 Prozent erstmals in den Bundestag ein und ist seitdem ein nicht mehr zu ignorierender Machtfaktor in der bundesdeutschen Parteienlandschaft.

Wahlkampfauftritt von Helmut Kohl, Domplatz, 5. Juni 1984

Nach 1987 machten sich deutliche Ermüdungserscheinungen in der Regierung bemerkbar: Die Skandale mehrten sich mit dem „Flick-Skandal" – Zahlungen des Konzerns an die Regierungsparteien – und der „Barschel-Affäre" – der Kampagne des amtierenden Ministerpräsidenten von Schleswig-Holstein gegen seinen sozialdemokratischen Herausforderer Björn Engholm, die in dem nie restlos aufgeklärten Tod Barschels in einem Schweizer Hotel ihren Höhepunkt fand. Nicht wenige sahen die Ära Kohl ihrem Ende nahe. Bemerkenswert war für viele Beobachter, dass die Regierung Kohl seit 1982 die Entspannungspolitik ihrer Vorgängerin gegenüber dem Ostblock weitgehend fortsetzte. Nicht wenige Menschen aus Politik und Bevölkerung staunten über die von Franz Josef Strauß vermittelten Milliarden-Kredite an Ost-Berlin, die zum wirtschaftlichen Überleben der DDR beigetragen haben. Auch angesichts sich verschlechternder Beziehungen zwischen den USA und der UdSSR, des Einmarschs der Sowjetunion in Afghanistan und der Ausrufung des Kriegsrechts in Polen bemühten sich die Regierungen der Bundesrepublik und der DDR, den Entspannungsprozess fortzusetzen. So erwiderte Erich Honecker nach mehreren Verschiebungen 1987 den Staatsbesuch von Helmut Schmidt in der DDR im Jahr 1981.

Die friedliche Revolution in Ostdeutschland im Herbst 1989 und der Zusammenbruch der DDR gaben Helmut Kohl die Gelegenheit, zum Kanzler der Einheit zu werden. Die vertrauensbildenden Maßnahmen zwischen BRD und DDR, die solide Verankerung der Bundesrepublik im westlichen System, die realistische Einschätzung der Glasnost-Politik und der zwischenmenschliche Kontakt zum Generalsekretär der KPdSU und späteren Staatspräsidenten der Sowjetunion Michail Gorbatschow waren Voraussetzung für die von den siegreichen Alliierten des Zweiten Weltkriegs gewährte Chance der deutschen Wiedervereinigung. Sie wurde für die allermeisten Deutschen in Ost und West in einer kaum zuvor für möglich gehaltenen kurzen Zeitspanne Wirklichkeit. Nun machte sich bezahlt, was Kohl in jahrelangen Bemühungen an persönlichem Vertrauen zu westlichen wie östlichen Regierungschefs aufgebaut hatte. Die britische Premierministerin, die der deutschen Einheit weitgehend ablehnend gegenüberstand, blieb dabei eine widerspenstige Ausnahme.

Helmut Kohl wurde so zum Kanzler der Einheit und mit über 16 Regierungsjahren der am längsten amtierende Kanzler der Bundesrepublik Deutschland.

Linker und rechter Terror

Nach der Ermordung von Generalbundesanwalt Siegfried Buback und dem Bankier Jürgen Ponto sowie von Arbeitgeberpräsident Hanns Martin Schleyer durch Kommandos der Roten Armee Fraktion im Jahr 1977 kam es im folgenden Jahr zu Fahndungserfolgen und Festnahmen. Allerdings wurde deutlich, dass der Kampf gegen den Terror auch von Pannen und Misserfolgen begleitet war. So ließ Jugoslawien 1978 vier verhaftete Hauptverdächtige wieder frei, nachdem sich die Bundesregierung geweigert hatte, im Austausch inhaftierte Exil-Kroaten auszuliefern. Doch es war eindeutig, dass die Rote Armee Fraktion keinen Rückhalt in der Bevölkerung fand und eine isolierte Gruppierung blieb. Die große Bedrohung der 1970er Jahre verschaffte sich zwar noch in einzelnen Terrorakten und gezielten Mordaktionen an führenden Vertretern von Staat und Wirtschaft Aufmerksamkeit, doch ging von ihr in den 1980er Jahren keine ernsthafte Bedrohung von Staat und Gesellschaft mehr aus. Überraschend wie ebenso lang gehegte Vorurteile bestätigend war indes die Tatsache, dass einige der meistgesuchten Terroristen durch die DDR Unterstützung erfuhren und in der DDR nach ihren Gewaltaktionen sogar dauerhaft Unterschlupf gefunden hatten.

Eine vollkommen neue Erfahrung in der Bundesrepublik war der dumpfe Terror von rechts. Seine schrecklichsten Auswirkungen zeigte er im Attentat auf das Münchner Oktoberfest im Jahr 1980, das 13 Tote und über 200 Verletzte forderte. In den Jahren danach richteten sich rechtsradikale Anschläge vorrangig gegen ausländische Mitbürgerinnen und Mitbürger, die wiederholt auch Todesopfer forderten.

Trotz dieser terroristischen Bedrohung blieb die Auseinandersetzung zwischen individueller Freiheit und staatlicher Überwachung ein beständiges Thema dieser Zeit: Die Diskussionen um den sogenannten Lauschangriff, über die Volkszählungen und die Verschärfung des Demonstrationsstrafrechts sind ein beredtes Zeugnis für die damaligen Auseinandersetzungen in der westdeutschen Gesellschaft.

Neue soziale Bewegungen

Die Unzufriedenheit mit den etablierten Parteien breitete sich schon in den 1970er Jahren aus. Auf lokaler Ebene entstanden Bürgerinitiativen, deren Anliegen meist in der Verhinderung von staatlichen oder privatwirtschaftlichen Projekten wie Autobahnen, Flughafenerweiterungen oder Industrieansiedlungen bestand.

Auf eine längere Tradition konnte die Friedensbewegung zurückblicken, die bereits in den 1950er Jahren als Reaktion auf die Wiederbewaffnung in der Bundesrepublik entstanden war, aber erst im Rahmen der Aufrüstung in Ost und West wieder großen Zulauf erhielt. In der Nachfolge der Studentenrevolte von 1968 war die neue Frauenbewegung entstanden. Ungeahnten Zuspruch fand die Ökologiebewegung, die aus lokalen Protesten gegen eine Chemiefabrik im Elsass und ein Atomkraftwerk in Baden hervorging. Eine umfassende Organisationsform und politische Stimme erhielten diese Gruppen erst durch die Gründung der neuen Partei Die Grünen im Jahr 1980, die im Zusammenschluss von ehemaligen Anhängern sozialistischer und kommunistischer Gruppierungen sowie von Aktivistinnen und Aktivisten der Friedens-, Frauen-, Umweltschutz- und Anti-Atomkraftbewegung ihren Ursprung hatte. Die Grünen selbst sahen sich als linke und basisdemokratische Partei an. Ihre pazifistische Grundhaltung, die Weigerung, den Schutz der Natur Wirtschaftsinteressen unterzuordnen, und die Ablehnung jeglicher Atompolitik fanden vor allem bei jüngeren und höheren Bildungsschichten entstammenden Menschen großen Widerhall. In Münster traten Kandidaten der Grünen Alternativen Liste erstmals bei den Kommunalwahlen 1979 an und erlangten vier Ratsmandate.

Der Unfall im Atomkraftwerk „Three Mile Island" bei Harrisburg in den USA im Jahr 1979, vor allem aber die Explosion eines Reaktors im ukrainischen Atomkraftwerk Tschernobyl im Jahr 1986 ließen in der Bundesrepublik die Gegner von Kernkraftwerken zu einer Mehrheit werden.

Die nicht vergehende Vergangenheit

Es war die amerikanische Serienproduktion „Holocaust", die die bundesdeutsche Gesellschaft im Jahr 1979 vor die Fernseher bannte. Und das, obwohl sie in den dritten Programmen lief. Trotz aller Aufklärung waren zuvor die Verbrechen der Deutschen an der jüdischen Bevölkerung während des Nationalsozialismus nie so tief in das allgemeine Bewusstsein gedrungen wie durch diese Serie. Sie erreichte Einschaltquoten von über dreißig Prozent und löste in der Öffentlichkeit viele Diskussionen und Auseinandersetzungen über die deutsche Vergangenheit aus. Ein bis dahin nicht vorhandenes Geschichtsbewusstsein löste eine wahre Forschungswelle auf lokaler Ebene aus. Die Rede von Bundespräsident Dr. Richard von Weizsäcker im Jahr 1985 zum 40. Jahrestag der Beendigung des Zweiten Weltkriegs wie auch die vielfach missverstandene Rede von Bundestagspräsident Dr. Philipp Jenninger im Jahr 1988 stellten die Schuld der Deutschen heraus und hoben das Kriegsende als Befreiung von der Diktatur des Nationalsozialismus hervor.

Etwa zur gleichen Zeit entfachte der sogenannte Historikerstreit eine Debatte um die Deutungshoheit über die nationalsozialistische deutsche Vergangenheit: Durften die deutschen Verbrechen mit denen anderer Diktaturen verglichen und damit relativiert werden? Es zeigte sich bald, dass die Frage vor allem von geschichtspolitischer Bedeutung war. Deutlich wurde indes, dass die Erinnerung an die nationalsozialistischen Verbrechen und vor allem an die Vernichtung von Millionen europäischer Juden in deutschen Konzentrationslagern ein unauslöschlicher Bestandteil der deutschen Geschichte ist.

Gesellschaft

Viele der bis heute anhaltenden gesellschaftlichen Entwicklungen haben ihren Ursprung in den 1970er und 1980er Jahren. Die Geburtenrate schwankte auf einem niedrigen Niveau und war nicht in der Lage, die zunehmende Alterung der Bevölkerung aufzuhalten. Deutlich war auch der Trend, dass das Alter der Frauen bei der ersten Geburt anstieg. Durch Zuzug war der Anteil ausländischer Bürgerinnen und Bürger an der Wohnbevölkerung bis 1980 in kurzer Zeit auf über sieben Prozent stark gestiegen. Ende der 1980er Jahre lag er mit knapp acht Prozent nur geringfügig höher. In erheblich stärkerem Ausmaß wuchs die Zahl der Asylsuchenden in der Bundesrepublik seit Ende der 1970er Jahre bis zu ihren Höchstwerten in den frühen 1990er Jahren. Eine latente Ausländerfeindlichkeit war – häufig hervorgerufen von der Angst vor Arbeitslosigkeit – vor allem bei männlichen deutschen Jugendlichen mit niedrigem Bildungsniveau und Sozialstatus festzustellen. Angesichts der ethnischen Vielfalt der Asylsuchenden trug sie mitunter rassistische Züge.

In den 1980er Jahren stiegen die durchschnittlichen realen Pro-Kopf-Einkommen um über zwanzig Prozent. Allerdings machte sich immer deutlicher bemerkbar, dass am unteren Ende der Gesellschaft Einkommenseinbußen zunahmen. Von Armut bedroht waren vor allem Langzeitarbeitslose, Alleinerziehende und ausländische Mitbürgerinnen und Mitbürger, während das freie Budget der übrigen Bevölkerung zunahm.

Im Verlauf der 1970er Jahre hatte sich auch ein völlig neues Verständnis von Ehe und Partnerschaft herausgebildet: Gesellschaftlich innerhalb erstaunlich kurzer Zeit akzeptiert wurde die nichteheliche Erprobungsphase, die nur wenige Jahre zuvor an gesetzlichen Hindernissen wie dem Kuppeleiparagraphen gescheitert wäre. Das früher undenkbare Zusammenleben vor der Eheschließung beziehungsweise das Zusammenleben mit wechselnden Partnern wurden zum Regelfall in der jungen Generation. Die Rolle der Frau in der Gesellschaft und ihre Rechte fanden größere Beachtung. Überall in der Bundesrepublik entstanden Frauenhäuser und Frauennotrufe. 1987 wurde in Münster eine Frauenbeauftragte berufen, und 1988 beschloss die SPD auf ihrem hiesigen Parteitag eine Frauenquote. Entscheidend geändert hatte sich im Verlauf der 1980er Jahre auch die weibliche Teilhabe an Bildung. Um 1985 war der Anteil der Abiturientinnen auf über fünfzig Prozent gestiegen, und auch der Anteil weiblicher Studierender war an den Hochschulen auf knapp die Hälfte angewachsen.

Immer mehr Aufmerksamkeit wurde der Jugend gewidmet: Dem weiten Spektrum von der Punker-Szene bis zur Popper-Kultur wurden breites gesellschaftliches Interesse und soziologisches Verständnis entgegengebracht. Es gab die No-Future-Generation neben der optimistisch in die Zukunft schauenden Jugend wie die Hausbesetzerszene neben den Yuppies – den Young Urban Professionals. Die Beziehungen zwischen den einzelnen Gruppierungen waren gering, die äußeren Unterscheidungsmerkmale dafür umso deutlicher. Jeder Kleidungsstil war möglich: von der lila Latzhose mit Palästinenserschal bis zur Karottenjeans mit gelbem Pullunder. Das Aussehen machte die Zugehörigkeit der Jugendlichen zu einer bestimmten Gruppierung deutlich.

Anfang der 1980er Jahre wurde eine neue todbringende Viruskrankheit diagnostiziert: AIDS, eine erworbene Immunschwächekrankheit. 1983 erstmals in der Bundesrepublik registriert, rief die neue Krankheit Verstörung und Verunsicherung hervor. Eine Panik in der Bevölkerung und vor allem die Stigmatisierung der damals hauptsächlich betroffenen Homosexuellen konnte durch Ländermaßnahmen unter Leitung der Bundesgesundheitsministerin Professorin Dr. Rita Süssmuth vermieden werden.

Medienrevolution

Im Prinzip war die bundesdeutsche Bevölkerung mit ihrem Angebot an Fernseh- und Radioprogrammen zufrieden, doch die technische Entwicklung verhieß einen ungeahnten Anstieg an Sende- und Empfangsmöglichkeiten. Seit 1984 gab es kein öffentlich-rechtliches Monopol mehr, private Anbieter konnten nun ihre Radio- und Fernsehprogramme ausstrahlen. Der zügige Ausbau des Kabelnetzes und der allmählich sich verbreitende Empfang von Radio- und Rundfunkprogrammen durch Satelliten ermöglichten immer mehr Haushalten ihre Nutzung. Verbunden war damit die Verbreitung kommerzieller Formate wie Kriminal-, Familien-, Arzt- oder Jugendserien und der immer mehr überhand nehmenden Talkshows zu allen nur erdenklichen Themen der Zeit. Die mitunter festgestellte „Brutalisierung und Sexualisierung" des Fernsehens rief von unterschiedlichster Seite Kritik hervor. Allerdings ist festzuhalten, dass die öffentlichen Programme mit ihren amerikanischen Serien wie Dallas und Denver damals noch die private Konkurrenz auf deutliche Distanz halten konnten. Vor allem die Nachrichtensendungen von ARD und ZDF blieben in ihrer Qualität für die privaten Sender auf lange Sicht unerreichbar. Im Radio hingegen war die Aufteilung der Hörerschaft in unterschiedliche Konsumentengruppen schneller erkennbar. Von der einstmaligen Hauptinformationsquelle wurde das Radio zum Hintergrund- oder Begleitmedium, das im Auto oder Haushalt und Büro vorrangig der Unterhaltung diente.

Neue deutsche Musik

Seit den späten 1950er Jahren wandte sich die deutsche Jugend der anglo-amerikanischen Musik zu: Elvis Presley, die Beatles oder die Rolling Stones waren die Idole der jungen Generation. Wer international Erfolg haben wollte, musste auf Englisch singen. Vom britischen Punk-Rock inspiriert, gründeten sich Anfang der 1980er Jahre viele deutsche Bands, deren Texte bewusst in ihrer Muttersprache verfasst waren und damit die deutschen Charts eroberten. Bekannte Vertreter dieser schon damals so bezeichneten Neuen Deutschen Welle (NDW) waren etwa Ideal, Extrabreit, Spider Murphy Gang oder Hubert Kah. Die Bandbreite war enorm und reichte von anspruchsvoller Thematik bis zu dadaistischen Nonsens-Texten. Nena schaffte es im Trend des New Wave mit dem friedensbe-

Musikgraffiti auf einer Betonmauer, Anfang 1980er Jahre

wegten Song 99 Luftballons auch international, einen Hit zu plazieren. Aber so wie es im Fall von Nena bei diesem einen Welterfolg blieb, so ebbte auch die Neue Deutsche Welle im Verlauf der 1980er Jahre wieder ab. Jedoch waren deutsche Songtexte fortan nicht mehr auf den Schlager beschränkt. Allerdings hatte ein mit Münster verbundener Musiker hier bereits zuvor eine der wenigen erfolgreichen Ausnahmen gebildet: Udo Lindenberg hatte schon in den 1970er Jahren mit seinem Panikorchester, dem münsterische Musiker wie Steffi Stephan und Bertram Engel angehörten, erfolgreich deutsche Texte produziert.

Münster

Die Kommunalwahlen des Jahres 1979 ließen die CDU mit über 52 Prozent als absoluten Sieger hervorgehen. Der alte wie neue Oberbürgermeister hieß Dr. Werner Pierchalla, der dieses Amt in Münster seit 1972 innehatte. Doch innerhalb dieser Wahlperiode kam es zu einem weder zuvor noch danach dagewesenen Zwischenfall: Obwohl die CDU über eine absolute Mehrheit verfügte, gelang es ihr im Februar 1982 erst im dritten Anlauf und mit einem neuen Vorstand, den Haushalt zu verabschieden. Der Wirtschaftsflügel verweigerte der Fraktionsvorsitzenden Hildegard Graf die Gefolgschaft und ließ den Haushalt zweimal eine Mehrheit verfehlen. Daraufhin trat der gesamte Fraktionsvorstand zurück, und ein neuer Vorstand mit Julius Roberg an der Spitze wurde gewählt.

Die Auseinandersetzungen in der CDU wirkten noch in der Frage des Oberbürgermeisterkandidaten für die Wahl 1984 nach. Innerparteilich ging es um die Frage, ob Bernhard Waltermann – der älteren Generation und dem wirtschaftsnahen Flügel zugehörig – oder Dr. Jörg Twenhöven als Kandidat aufgestellt werden sollte. Der als exzellenter Analytiker und programmatischer Vordenker geltende Twenhöven setzte sich durch und bestimmte fortan die münsterische Stadtpolitik. Nicht zuletzt der Kultursektor erlebte in seiner Amtszeit unter dem zuständigen Dezernenten Hermann Jansen eine Phase bedeutenden Ausbaus. 1984 und 1989 musste die CDU zwar deutliche Stimmenverluste hinnehmen, konnte aber in einer Koalition mit der FDP jeweils mit Twenhöven dennoch den Oberbürgermeister stellen.

Bauarbeiten für das Parkhaus Theater am Tibusplatz, Mitte 1980er Jahre

Bereits 1979 gelang der Grünen Alternativen Liste in Münster mit erstaunlichen sechs Prozent erstmals der Einzug ins Stadtparlament. Die FDP erhielt nur geringfügig mehr Stimmen. Doch 1984 fand nahezu ein Erdrutsch hin zu den Grünen statt: Neben der CDU verlor auch die SPD Stimmen, und die GAL errang kaum für möglich gehaltene 15,5 Prozent. Dieses Ergebnis konnten die Grünen fünf Jahre später nicht wieder erzielen. Sie verloren etwa in dem Ausmaß, in dem die SPD Stimmen hinzugewann, doch für einen Regierungswechsel reichte es nicht. CDU und FDP setzten ihre Koalition bis 1994 fort.

Die münsterische Bevölkerung wuchs von 1978 bis 1989 kaum an. Die amtliche Statistik verzeichnete sogar einen nicht unerheblichen Rückgang der Einwohnerzahl von 267.057 auf 253.123, was aber in erster Linie auf eine Veränderung der Bemessungsgrundlage zurückzuführen ist. Nimmt man die wohnberechtigte Bevölkerung als Grundlage, ist die Zahl bis 1989 auf 271.943 gestiegen.

Als beständiges Problem erwies sich die ausreichende Versorgung der zunehmenden Zahl von Studierenden mit Wohnraum. Allein von 1979 bis 1989 stieg die Anzahl der Studierenden an münsterischen Hochschulen von 44.227 auf 55.589. Die Schaffung studentischen Wohnraums hielt damit nicht annähernd Schritt, und so kam es in den 1980er Jahren wiederholt zu Hausbesetzungen, wenngleich Ausmaß und Gewaltpotential der Hausbesetzerszene mit anderen bundesdeutschen Großstädten nicht vergleichbar waren.

Als großes und bis heute bestehendes Problem erwies sich die hohe Arbeitslosigkeit vor allem unter jungen Hochschulabsolventen in Münster. Von gut fünf Prozent im Jahr 1981 stieg die Arbeitslosenquote bis 1986 auf die Höchstmarke von 12,4 Prozent, die damit sogar noch rund anderthalb Prozent über der Quote von Nordrhein-Westfalen lag.

Auch über dreißig Jahre nach Ende des Zweiten Weltkriegs gab es in Münster noch einige Trümmerflächen, die nach einer Zwischennutzung ihrer Neuplanung harrten. Dazu gehörten etwa die als Parkplatz genutzten Flächen von Aegidii- und Theaterparkplatz, aber auch die nicht adäquat genutzten Flächen an der Klemensstraße. Die beiden Parkplätze wurden mit großräumigen Tiefgaragen sowie weitläufiger oberirdischer Bebauung versehen und gehörten zu den größten Bauprojekten Münsters der Nachkriegszeit. An der Klemensstraße entstand Mitte der 1980er Jahre der damals heftig umstrittene Karstadt-Neubau. Auch andere Kaufhäuser erhielten in diesem Zeitraum Erweiterungen, mitunter wiederum um den Preis des Abrisses historischer Nachbargebäude.

Der Dienstleistungsbereich erwies sich auch in den 1980er Jahren als sicheres Standbein der münsterischen Wirtschaft. Die bedeutenden Versicherer LVM und Provinzial vergrößerten ihre Räumlichkeiten in erheblichem Umfang, das Zentrum Nord wurde geplant und auch von Unternehmen als Standort angenommen. Im Bereich von Mecklenbeck entstanden etwa mit dem Handwerksbildungszentrum und der GAD weitflächige Ansiedlungen, die Münsters Bedeutung als Standort regionaler und überregionaler Dienstleistungseinrichtungen festigten.

Ohne jeden Zweifel entfaltete Münster in den 1980er Jahren ein ebenso engagiertes wie ambitioniertes Programm der Erneuerung und Modernisierung. Die neuen gesellschaftlichen Bewegungen und Strömungen entfalteten ihre Wirkung und hinterließen ihre Spuren im städtischen Alltag wie im politischen Leben. Spätestens seit diesem Zeitraum war das Klischee, Münster sei eine konservative und rückständige Stadt, widerlegt worden.

Die Fotos und die Fotografen

Die in diesem Bildband gezeigten Aufnahmen stammen aus den Jahren von 1978 bis 1989. Zu dieser Zeit arbeiteten Profi- wie Amateurfotografen noch ausschließlich mit lichtempfindlichem Filmmaterial, das nach der Belichtung auf chemischem Weg entwickelt und konserviert wurde.

Ein großer Teil der Aufnahmen stammt von Matthias Ahlke, der seit 1982 als Pressefotograf für die Tageszeitung Westfälische Nachrichten tätig ist. Er stellte den gesamten Bestand seiner Aufnahmen aus den Jahren von 1982 bis 1989 zur Verfügung, bei dem es sich um mehrere hunderttausend Negative handelt. Ahlke begleitete in diesen Jahren das münsterische Tagesgeschehen mit seiner Kamera und hielt öffentliche Ereignisse und Veranstaltungen, Menschen und Gebäude sowie allgemein das Leben in der Stadt in seinen Fotos fest. Viele Aufnahmen entstanden im Rahmen offizieller Termine. Eine ganze Reihe hier gezeigter Bilder dieses Fotografen entstand aber ohne Auftrag und offenbart seinen Blick für das besondere Motiv, das sich mitunter eher zufällig seiner Kamera darbot. Das Material von Matthias Ahlke bildet den Grundbestand für die hier zu sehende Fotoauswahl, ohne den dieses Buch nicht möglich gewesen wäre.

Für die Jahre von 1978 bis 1982 diente ebenfalls der Bestand eines Fotojournalisten der Zeitung Westfälische Nachrichten als Grundlage. Rudolf Krause (1920–1984) hinterließ für diesen Zeitraum ein wohlgeordnetes Negativarchiv, das in chronologisch angelegten Jahresordnern das münsterische Tagesgeschehen dokumentiert.

Nach der Sichtung dieser beiden Quellen wurde eine erste Auswahl getroffen, die rund 500 Aufnahmen umfasste. In einem zweiten Auswahlschritt wurden nach Bestimmung von Anlass und Motiv der Aufnahmen über 150 Fotos für den Bildband ausgewählt.

Dabei wurde deutlich, dass einige Bereiche des münsterischen Geschehens in dem Zeitraum von 1978 bis 1989 nicht hinreichend abgedeckt waren: Es fehlten etwa Aufnahmen manch einer wichtigen Protestaktion oder Fotos aus der Kneipen- und Musikszene. Hier steuerte der Fotograf Didi Kröhn, der jahrelang für das Stadtblatt und das City Magazin gearbeitet hat, umfangreiches Material bei wie auch Christian Steinhagen, der immer wieder seine Kamera zum richtigen Zeitpunkt mit sich führte. Weitere Aufnahmen stammen von Bernd Pirrone, der als professioneller Fotograf für Münster-Magazine und auch für die Stadt Münster tätig war.

Nach einigen „Wunschfotos" musste aufwändig geforscht werden. Betreiber, Geschäftsführer und Mitarbeiter münsterischer Szenelokale wurden kontaktiert, um Aufnahmen dieser Orte zu erhalten. Nina Balster und Lothar Westphal vermittelten so etwa seltene Aufnahmen wie die vom Karneval 1984 aus dem Lokal „der bunte Vogel" oder aus dem Odeon von der Fotografin Mona Siebke.

In einem Fall der hier gezeigten Fotos wurde insofern eine Ausnahme gemacht, als dass nicht in Münster aufgenommene Aufnahmen ausgewählt wurden. Es handelt sich um Bilder vom 9. und 10. November 1989 in Berlin. Die münsterische Journalistin Uta Ribbert erlebte im Rahmen einer Pressereise hautnah den „Fall" der Berliner Mauer mit. Ihre Aufnahmen erschienen am 13. November in der Münsterschen Zeitung.

Angesichts der Fülle des gesichteten Materials wie vor allem der zweifellos noch größeren Menge an nicht gesehen Fotos, die andere Fotografen und Privatpersonen in diesem Zeitraum in Münster aufgenommen haben, steht es außer Frage, dass die für dieses Buch getroffene Auswahl subjektiv und mitunter zufällig bleiben muss. Gleichwohl geben die Fotos einen erkenntnisreichen und spannungsvollen Überblick über die „bewegten Jahre" von 1978 bis 1989. Da diese Zeitspanne für diejenigen, die diese Jahre miterlebt haben, nicht sehr lange zurückliegt, werden angesichts der hier gezeigten Fotos sicher viele Erinnerungen wach, für einige Betrachterinnen und Betrachter ist das Buch vielleicht auch der Auslöser einer Zeitreise in die (eigene) Vergangenheit.

Leben in Münster

Ein vertrautes Bild in Münster im Jahr 1983: Abgestellte Fahrräder, so weit das Auge reicht. Vor allem im Bereich rund um den Hauptbahnhof wurden die geparkten Fahrräder zusehends zu einem Verkehrshindernis, hieß es doch für viele Fußgänger, nur durch diese hohle Gasse zum Bahnhof gelangen zu können. Fußweg sowie Aufzug und Rolltreppe des damals noch bestehenden Bahnhofstunnels waren häufig versperrt. Hier konnte das Wahrzeichen Münsters – das Fahrrad – zu einem Ärgernis werden. Viele Fahrradfahrer verhielten sich wie die meisten übrigen Menschen auch: Schnelligkeit und Bequemlichkeit sind meist wichtiger als andere Überlegungen.

Früher standen sie in an fast jeder Kreuzung im Stadtgebiet: die grünen Kisten mit Streusand. Ihr Inhalt diente vor allem dazu, im Winter Rad- und Fußwege, Kreuzungsbereiche und Fußübergänge bei Schnee und Glätte freizuhalten. Modernes Räumgerät machte die Kisten allmählich überflüssig. Ende der 1970er Jahre war noch viel Handarbeit angesagt, und so gehörten Schaufel und Schubkarre zum selbstverständlichen Arbeitsgerät. Aus heutiger Sicht kaum vorstellbar: Die Kisten mit dem Streugut waren nicht verschlossen und jedermann frei zugänglich.

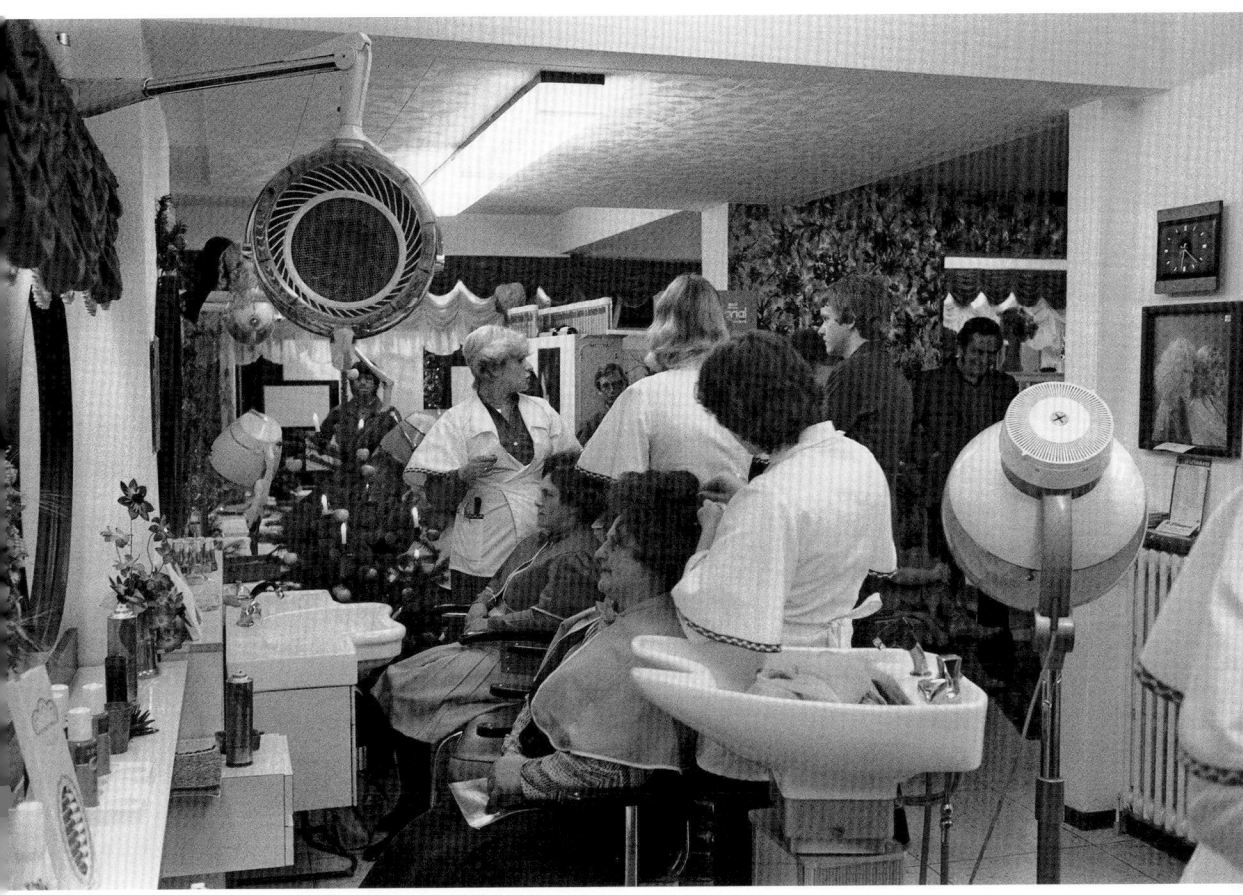

Hochbetrieb herrschte kurz vor Weihnachten 1978 im Friseursalon Koch an der Neubrückenstraße. Das war auch kein Wunder, konnte man sich hier doch umsonst frisieren lassen. Auf Wunsch wurde man auf Kosten des Salons auch abgeholt und wieder nach Hause gebracht. Allerdings konnten nur Spätaussiedler von diesem Angebot Gebrauch machen. Hintergrund war der Spendenaufruf einer münsterischen Tageszeitung, die auf die Not dieser Menschen aufmerksam machte. Über mangelnden Zuspruch konnte sich der Friseursalon nicht beklagen: Während der „Aktion kostenlose Frisur" waren innerhalb weniger Tage rund fünfzig Termine vergeben.

Im Frühjahr 1978 erschien in der Zeitung Westfälische Nachrichten eine Artikelserie über Menschen in Münster mit Behinderungen. Zu dieser Zeit entstand ein neues Bewusstsein für die Probleme dieser Personengruppe. Es fing damit an, dass Treppen oder Wege, vor allem auch öffentliche Verkehrsmittel nicht für Rollstühle ausgelegt waren, wie das Titelfoto dieser Serie verdeutlicht. Die Artikel schilderten ausführlich Einzelschicksale und wollten dazu beitragen, „die Kluft zwischen Behinderten und Nichtbehinderten" zu vermindern.

Um dem Bürgerkrieg im Libanon zu entgehen, machte sich
Familie Hodroj in Richtung Europa auf. Mit dem Flugzeug
in Ost-Berlin gelandet, wurden die Hodrojs alsbald in Richtung Westen abgeschoben und kamen schließlich nach
Münster, wo 1982 dieses Foto entstand. Ob die Familie
dauerhaft in der Bundesrepublik verbleiben durfte, hing
von der Entscheidung des zuständigen Bundesamtes ab.
Ein ähnliches Schicksal teilten damals mehrere zehntau-
send Flüchtlinge. Bis zu dieser Entscheidung durften die
Flüchtlinge keine geregelte Arbeit aufnehmen.

Die Flucht der sogenannten Boat People aus Indochina hatte in der bundesdeutschen Öffentlichkeit großes Aufsehen erregt und eine Welle der Anteilnahme und Hilfsbereitschaft ausgelöst. Im Jahr 1979 kamen die ersten Flüchtlinge aus Kambodscha und Vietnam nach Münster. Zunächst wohnten sie in Sammelunterkünften; im Verlauf des Jahres 1980 sollten Familien eine eigene Wohnung erhalten. Unter den Flüchtlingen befanden sich nicht wenige junge Einzelpersonen, teilweise sogar Minderjährige. Für die Kinder und Jugendlichen stand das schnelle Erlernen der deutschen Sprache im Vordergrund. Allerdings war die Integration vor allem der älteren Generation schwieriger und langwieriger, als manche erwartet hatten.

Diese Fotos zählen wohl zu den letzten Aufnahmen des Landgerichtsgefängnisses, das etwas zurückgesetzt an der Straße Am Stadtgraben lag. Das Gefängnis bestand seit 1875 und diente zunächst als Untersuchungsgefängnis und Strafvollzugsanstalt für Männer und Frauen. Nach 1945 diente es als Frauenhaftanstalt, in der Mitte der 1950er Jahre waren dort männliche und weibliche Untersuchungshäftlinge inhaftiert. In der Zeit vor dem Abriss im Jahr 1980 befanden sich dort nur noch männliche Untersuchungsgefangene.

Der über der Tür in einer Zelle zu lesende Spruch: „Verkaufe niemals Deine Träume zugunsten der Realität!" scheint eher von einer Frau geschrieben zu sein und könnte dementsprechend schon einige Jahre dort gestanden haben. Vielleicht war er für einige Insassen eine ernst genommene Aufforderung, sich von der trostlosen Realität nicht unterkriegen zu lassen.

In einem ehemaligen Verbindungshaus an der Diepenbrockstraße im Ostviertel eröffnete im Mai 1981 eine Stadtteilstube. Ein Sozialpädagoge betreute die als Nachbarschaftshilfe gedachte Einrichtung, die in dieser Form nicht sehr lange bestand. Er sollte, wie es in der Zeitung damals hieß, bei der Suche nach einer Wohnung oder einem Babysitter genauso behilflich sein wie bei der Suche nach einer Hilfskraft für kleinere Reparaturen. Seit 1977 war das Haus, das zuvor leer stand, von dem Verein Kreativhaus e.V. genutzt und zu einer Kultur-, Bildungs- und Begegnungsstätte ausgebaut worden.

Zum Glück handelte es sich nur um eine große Katastrophenübung, die am 28. Oktober 1981 in der oberen Etage des Kaufhauses Horten stattfand. Die gestellte Aufgabe bestand darin, 120 durch eine Explosion Verletzte aus dem Gebäude zu bergen und ärztlich zu versorgen. Heftig diskutiert wurde die im Rahmen der Übung durchgeführte Triage, ein aus dem Französischen stammender Begriff der Militärmedizin. Ärzte mussten angesichts hoher Zahlen von Verletzten entscheiden, wer zu retten war und wer keine Überlebenschance hatte und nicht mehr für eine Operation in ein Krankenhaus gebracht werden sollte.

Als es noch keine Mobiltelefone gab, waren diese gelben Häuschen im Stadtbild weit verbreitet. Doch jeder kannte das Problem, wenn man diese öffentlichen Telefonzellen nutzen wollte: Entweder sie waren besetzt oder kaputt. Diese Telefonzelle war im März 1982 jedoch nicht mutwilligem Vandalismus zum Opfer gefallen, sondern wohl durch einen Wagen so schwer beschädigt worden, dass nur noch der Abtransport zum Schrotthändler blieb.

Die Lebensmittelhilfe aus der Bundesrepublik bewahrte viele Polen in der schwierigen Zeit Anfang der 1980er Jahre vor einer noch größeren Versorgungskrise. Dazu beigetragen haben auch die münsterischen Hilfsgütertransporte. Neben Kleidung wurden vor allem Fette, Margarine, Milchpulver und Fleischkonserven sowie Waschpulver nach Polen gebracht. Der Aufstand der Gewerkschaft Solidarność und die anschließende Ausrufung des Kriegsrechts in Polen hatten auch eine schwere Wirtschaftskrise zur Folge. Im Bild zu sehen ist ein Hilfstransport im Frühjahr 1982.

Dass die Studierenden der naturwissenschaftlichen Fakultäten auch Hunger hatten, war zwar allgemein anerkannt, dennoch kam die Mensa II erst spät in den Gievenbecker Universitätsbereich mit den naturwissenschaftlichen Instituten. Die Zustimmung des Düsseldorfer Kultusministeriums zu dem Bau erfolgte Ende 1969, doch bis die neue Mensa am Coesfelder Kreuz ihre Pforten öffnete, vergingen noch rund zehn Jahre. Die Mensa II erwies sich bei den Studierenden als voller Erfolg, nicht nur wegen des günstigen Essens, sondern auch wegen des dazugehörigen Cafés und der Kneipe. Während des Vorlesungsbetriebs konnten hier rund 4.000 Studierende zu Mittag essen. Der etwas spröde Charme des Rohbetons scheint nicht zu stören.

Das Jahresfest des Ratsgymnasiums ging im Herbst 1982 in die siebte Runde, und auch diesmal war der Erlös für einen guten Zweck bestimmt: Ein Krankenhaus in Uganda sollte mit den Einnahmen unterstützt werden. Die Schülerinnen und Schüler waren hochmotiviert, winkte doch ein Wandertag für den besten Stand. Besondere Mühe gab man sich beim Autowaschen, das auf dem Schulhof als Service gegen Bezahlung durchgeführt wurde.

Einige Dinge ändern sich offenbar nie: In diesem Fall der im Oktober 1982 an den Straßenrand gestellte und am nächsten Morgen weithin verstreute Sperrmüll. Früher war es eher der in der Nacht durcheinander gebrachte Müll, der unschön aussah. Heute ist es vor allem solches Sperrgut, das nicht von den Abfalldiensten mitgenommen wird und dann erst einmal liegenbleibt.

Sicherlich nicht im Auftrag einer Kunstspedition war dieser Mofafahrer unterwegs. Keine Klimakiste, kein klimatisiertes und luftgefedertes Fahrzeug und wohl auch keinen Versicherungsschutz hielt dieser Mofafahrer für notwendig, um das Gemälde zu transportieren. Er schnallte es kurzerhand auf den Gepäckträger. Immerhin regnete oder schneite es an diesem Januarmorgen im Jahr 1984 nicht.

Es sind vor allem Vertreter des männlichen Geschlechts, auf die Baustellen eine geradezu magische Anziehung auszuüben scheinen. Das Faszinosum der Bagger lässt offenbar in nahezu jedem Altersstadium das Kind im Manne zum Durchbruch kommen. So erging es auch diesen beiden Jugendlichen, die mit ungeteiltem Interesse den Abriss des alten Karstadt-Kaufhauses an der Salzstraße beobachteten. Das Plakat links gibt genauen Aufschluss über die Datierung in den Sommer 1984: Dort wird eine Konzertveranstaltung mit Kultgruppen wie The Cure und Talk Talk angekündigt.

Eine sinnvolle Zweitverwendung fand das ehemalige Kassenhäuschen des Residenz-Kinos an der Hammer Straße nun in derselben Funktion auf einem Privatparkplatz an der Ecke Bergstraße/Tibusstraße. Das Residenz-Kino schloss 1984 seine Pforten und stand damit am Beginn des Niedergangs der Traditionslichtspiele in Münster. Ein bisschen Dachpappe schützte das im typischen Design der 1950er Jahre gehaltene Häuschen gegen münsterischen Regen. Gegen sommerliche Hitze half das allerdings nicht, und so machte es sich die junge Parkwächterin draußen bequem.

Keine Überproduktion aus Südeuropa fand im Februar 1985 ihr vorzeitiges Ende auf der Zentraldeponie, sondern Frostschäden an Orangen und Clementinen, die sich erst im münsterischen Kühlhaus herausstellten, führten zur Vernichtung der Südfrüchte. Rund fünfzig Lkw-Ladungen mussten deshalb alleine von diesem Importeur vernichtet werden. Die Ware war zwar nicht vollständig durch den seltenen Frost in Südspanien geschädigt, doch das Aussortieren war offenbar teurer als die Vernichtung des Obstes. Die Preise für Orangen aus Marokko und Israel stiegen in dieser Saison um mehr als die Hälfte.

Hoch im Kurs standen Mitte der 1980er Jahre bei der jungen Generation Mixgetränke und Cocktails. Auch in Münster entstanden Gaststätten, die sich auf diese Getränke spezialisiert hatten. Im exklusiven Waldhotel Krautkrämer absolvierten Teilnehmer eine Fortbildung, die ihnen das „Shaken" auf gehobenem Niveau vermittelte. Barkeeper Thomas Dölzmüller galt als Spezialist auf seinem Gebiet.

Im Jahr 1984 wurde das umweltfreundlichere bleifreie Benzin eingeführt. Ein Jahr später folgte auch Super Bleifrei. Mit großen Hinweisen machten münsterische Tankstellen auf den neuen Treibstoff aufmerksam, doch viele Autofahrer blieben zunächst skeptisch. Im Februar 1988 wurde verbleites Normalbenzin verboten, seit 1997 wird in Deutschland nur noch bleifreier Kraftstoff angeboten.

Heutzutage sind die Anwohnerparkgebiete im innerstädtischen Bereich eine Selbstverständlichkeit. Doch bei ihrer Einführung entstand bei einigen Anwohnern auch erheblicher Unmut. Ein Justiz-Referendar klagte 1985 gegen die erhobene Gebühr und bekam vor Gericht insofern Recht, als dass die Stadt die Höhe der Gebühr „nachvollziehbar und nachprüfbar" darlegen musste. Die Anwohnerparkzonen wurden dadurch in Münster jedoch nicht verhindert, ihre Durchsetzung erforderte indes vielfache Kontrollen.

In den frühen Morgenstunden des 26. April 1986 explodierte ein Reaktorblock im ukrainischen Atomkraftwerk Tschernobyl. Schon kurz danach stieg die Radioaktivität auch in anderen europäischen Ländern messbar an. Es dauerte allerdings einige Tage, bis Öffentlichkeit und Medien von der Katastrophe erfuhren. Auch in Münster war die Bevölkerung verängstigt wegen möglicher Strahlenschäden. Das Foto zeigt einen besorgten Bürger, der mit einem Geigerzähler den Salat aus dem eigenen Garten überprüfte und dabei erhöhte Radioaktivität feststellte. Von städtischer Seite wurde ausdrücklich vor dem Genuss von Freilandprodukten gewarnt.

Unter Polizeischutz wurden am 26. Februar 1987 morgens zehn Silberlinden an der Promenade im Bereich der Kanalstraße gefällt. Sie mussten wie zuvor schon weitere 18 Bäume dem Bau des neuen Hauptsammlers für das Kreuzviertel weichen. Auch die Einschaltung der Gerichte, die Gründung einer Bürgerinitiative sowie eine von 3.000 Menschen unterzeichnete Protestliste gegen den Kahlschlag halfen nicht. Die Verantwortlichen in der Stadt argumentierten, dass die meisten Bäume ohnehin erkrankt gewesen seien. Angesicht des verbreiteten Unmuts waren sie indes gewarnt, die erforderliche Neuanpflanzung von Linden an der Promenade behutsam anzugehen.

Nein, die Aufnahme zeigt keine sündige Spielhölle, die der Fotograf heimlich fotografiert hat. Vielmehr hält das Foto ein Trainingsprogramm für Studierende fest, das die staatlich konzessionierte Spielbank Bad Bentheim für Aushilfskräfte im März 1988 in Münster anbot. Der Bentheimer Chefcroupier wachte persönlich über die Ausbildung am Roulettetisch. Den Teilnehmenden – darunter auch Frauen – winkte das verlockende Salär von rund 110 DM pro Abend bei einer Anstellung.

Anlässlich des Weltkindertages lud Oberbürgermeister Dr. Jörg Twenhöven im September 1988 Kinder zu einer Fragestunde in das Hauptausschusszimmer im Stadtweinhaus ein. Das Verhalten war wohl wie in der Schule: Einige Kinder beteiligten sich eifrig, andere hörten interessiert zu, andere blickten ein wenig verträumt durch die Gegend. Einer aber schaute dem Fotografen direkt in die Kamera und bohrte dabei genüsslich in der Nase. Der Oberbürgermeister indes lobte die Kinder mit den Worten: „Ihr seid viel braver als die Ratsmitglieder".

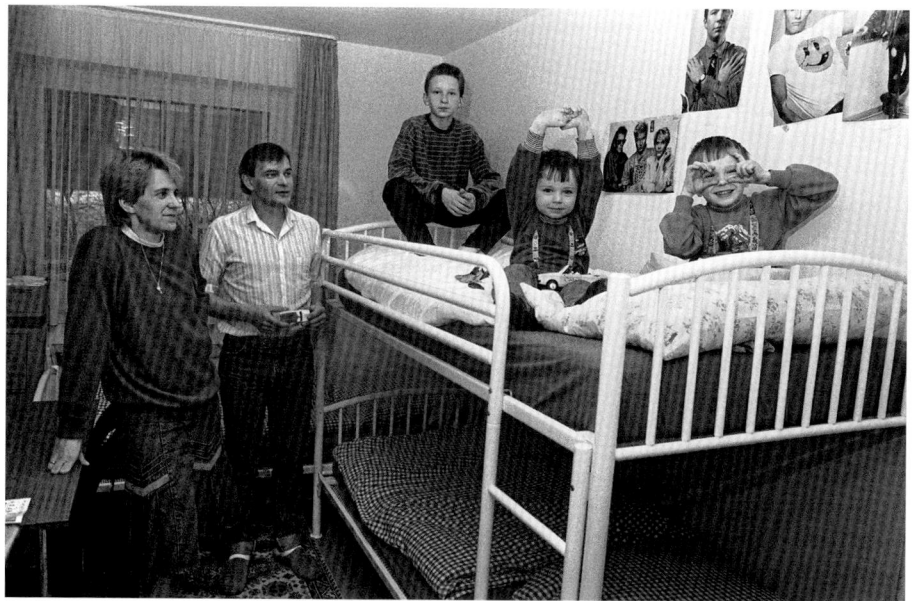

Zahlreiche Spätaussiedler kamen in den 1980er Jahren in die Bundesrepublik. Auch nach Münster verschlug es viele Deutschstämmige aus Polen und der Sowjetunion. Aus dem ehemaligen deutschen Oberschlesien stammte die fünfköpfige Familie Schlonsok, die im Sommer 1988 in Münster eintraf. Am Ende des Jahres freuten sich alle darauf, das beengte Übergangsquartier verlassen und eine eigene Wohnung beziehen zu können.

Vergnügliche Freizeit

Seit Dezember 1983 gab es die Münster Mammuts, die erste münsterische Football-Mannschaft. Allerdings reichten die acht Gründungsmitglieder nicht einmal für die Aufstellung einer halben Mannschaft. Ein amerikanischer Austauschstudent fungierte anfangs als Trainer, nachdem er mit Entsetzen ein Spiel der Mammuts gesehen hatte. Nicht zuletzt für die Werbung neuer Spieler erschien in einem Münster-Magazin 1985 ein längerer Artikel über diesen jungen Verein mit einem Foto vor historischer Kulisse. Ein Hauptproblem bestand im Personalmangel, auch für die in den USA zu jeder Mannschaft gehörenden Cheerleaders.

In der Karnevalszeit gehen die Uhren in Wolbeck anders. Die drei tollen Tage beginnen samstags und dauern bis zum Ziegenbocksmontag, genau eine Woche vor dem traditionellen Rosenmontag. Höhepunkt ist der Umzug am Ziegenbocksmontag, zunächst für die Kinder und dann für die Größeren. Das Foto zeigt den Kinderumzug des Jahres 1978, bei dem natürlich die Ziegen eine Hauptrolle spielen.

Als am 1. Juni 1978 in Buenos Aires die Eröffnungsfeier der Fußballweltmeisterschaft begann, war es in Münster später Nachmittag. Viele, die zu diesem Zeitpunkt nicht zu Hause waren, nutzten die Gelegenheit, in der münsterischen Innenstadt das Geschehen auf einem Bildschirm im Schaufenster eines Fernsehgeschäfts auf der Salzstraße zu verfolgen. Die deutsche Nationalelf bestritt abends das Eröffnungsspiel, vermochte aber weder in dieser Partie noch in den folgenden Spielen ihrer vermeintlichen Favoritenrolle gerecht zu werden. Nach der Niederlage in Córdoba gegen Österreich musste die Mannschaft bereits nach der zweiten Runde die Heimreise antreten.

Im Rahmen der Aaseeerweiterung wurden die ausgehobenen Erdmassen Mitte der 1970er Jahre südlich des Zoos aufgeschüttet: Nun hatte Münster innerhalb des Stadtgebiets einen Hügel, der sich zum Rodeln erheblich besser eignete als die Hänge an der Promenade. Im Februar 1978 war das offenbar noch ein Geheimtipp. Heute ist es bei entsprechender Schneelage dort erheblich voller.

Der Besuch einer Tanzschule war für viele Jugendliche in Münster in
den 1970er Jahren ein selbstverständlicher Bestandteil der Schulzeit.
Allerdings tauchte mitunter ein geschlechtsspezifisches Problem auf:
Es gab mehr Mädchen als Jungen, vor allem in den Kursen während
der Sommermonate und in den höheren Stufen. Das Foto zeigt einen
Kurs der Tanzschule Husemeyer an der Rothenburg im Jahr 1979.
Hier wurde nicht nur auf Tanzschritte und Haltung geachtet, sondern
auch auf korrekte Umgangsformen Wert gelegt.

Ein voller Erfolg war dieser erste Kinderkarnevalsumzug in Kinderhaus am 25. Februar 1981. Die Idee stammte vom Kinder- und Jugendzentrum, die Umsetzung erfolgte gemeinsam mit zwei Kindergärten und einigen Mieterinitiativen. Die Wagen waren von den Kindern selbst hergerichtet und bemalt worden. Bei den Parolen auf den Transparenten, die sich vor allem gegen die neue Fußgangerbrücke wendeten, hatten die Erwachsenen sicherlich etwas mitgeholfen.

Das Transparent in der Halle Münsterland sprach allen Hundebesitzern aus der
Seele: „Jeder hat den besten Hund". Dennoch musste die internationale Jury
unter den 270 Hunden der Terrier-Schau im November 1982 einen Sieger küren:
Moviman, einen Yorkshire-Terrier aus Duisburg.

Nur noch wenige Tage bis zum Weihnachtsfest des Jahres 1983: In einem Wald bei Hiltrup
haben diese beiden Männer gerade Bäume abgesägt und tragen ihre Prachtexemplare
von Fichten nun in aller Ruhe zu den bereit stehenden Fahrzeugen. Völlig legal versteht
sich. Denn damals kam die Möglichkeit auf, offiziell auf bestimmten Flächen Nadelbäume
zu Weihnachten selbst zu schlagen. Das hatte mehrere Vorteile: Man konnte sich seinen
Wunschbaum aussuchen, und es war preiswert. Ein Problem allerdings gab es immer
wieder: In der Natur wirkten die Bäume kleiner als im eigenen Wohnzimmer.

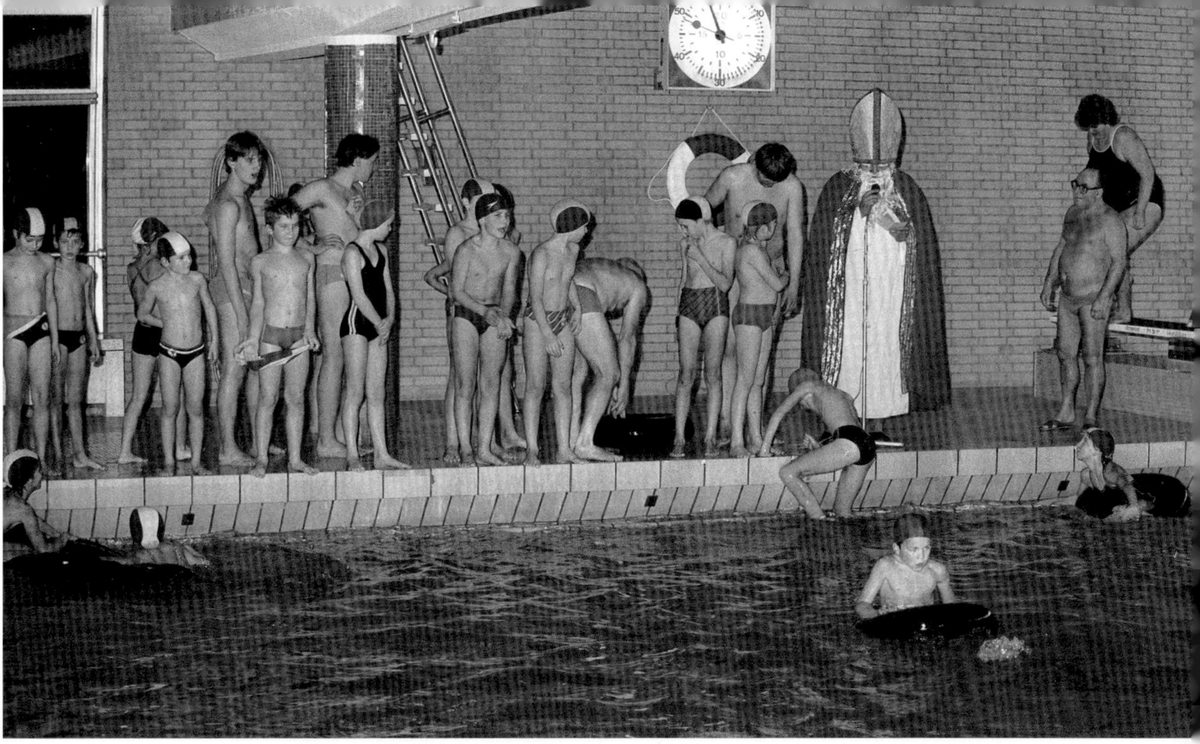

Als der Nikolaus am 13. Dezember 1982 im Stadtbad Süd erschien, verteilte er nicht nur Geschenke an die Kinder und Jugendlichen. Auf Einladung der Deutschen Lebensrettungs-Gesellschaft ehrte er siebzig Jungen und Mädchen, die erfolgreich einen Schwimmkurs absolviert hatten, und überreichte ihnen die begehrten Schwimmpässe.

So richtig schön fand im Jahr 1984 das schon damals etwas in die Jahre gekommene Café am Aasee kaum jemand. Doch bei schönem Wetter gab es damals direkt am Wasser kaum eine Alternative. Und so war an einem der ersten warmen Tage im April 1984 kaum ein freier Platz zu finden. Es war zwar noch kein Blatt am Baum zu sehen, doch saßen die Menschen bei fast sommerlichen Temperaturen und Sonnenschein mit leichter Bekleidung im Freien.

Bevor es später am Abend richtig losging, bot das Sommerfest der Juristen und Wirtschaftswissenschaftler im Juni 1984 ein buntes Programm. Allein im Vorverkauf waren 7.000 Karten unter die Leute gebracht worden. Der kulturelle Bogen war weit gespannt und reichte von der bolivianischen Folklore Band Inti Punchai bis zu den im Foto zu sehenden Breakdance-Vorführungen der Space Walkers.

Am neuen Teil des Aasees herrschte nicht so viel Andrang: Wofür könnten also die sanft ins Wasser hineinführenden Gitter besser genutzt werden, als bei sommerlichen Temperaturen mit dem Fahrrad ins kühle Nass zu gleiten? Im Freibad war das nicht möglich, allerdings war dort die Wasserqualität entschieden besser.

Der Flohmarkt auf dem Hindenburgplatz wurde immer stärker von professionellen Händlern geprägt, für Kinder und Amateure blieb da nur wenig Platz. Deshalb reservierte die Stadt 1985 den Promenadenbereich zwischen Aegidiitor und Lindenhof für diese Gruppen. Allerdings musste man hier bereits die Nacht verbringen, um sich einen guten Platz zu sichern. Schallplatten und Bravo-Hefte gehörten zu dem typischen Angebot.

Es war zwar nicht das erste Jahr, in dem man seine Erdbeeren selber pflücken konnte, doch Möglichkeit und tatsächliche Anwendung verbreiteten sich immer mehr. Auch rund um Münster boten 1985 zahlreiche Erdbeerplantagen diese Erntevariante an. Selbst bei regnerischem Wetter und matschigen Feldern machten sich einige auf, ihre Früchte selbst zu pflücken — und dabei natürlich reichlich zu naschen.

Heute sind sie ein Wahrzeichen der Stadt. Bei ihrer Aufstellung im Jahr 1977 für die Ausstellung Skulptur 77 waren die „Giant Pool Balls" von Claes Oldenburg für viele ein Ärgernis. Doch allmählich gewannen die drei Kugeln am Aasee die Herzen der Münsteraner. Ein Problem waren bereits 1984 die Schmierereien auf den Kugeln. Die akrobatischen Kunststücke indes waren höchstens für die vermeintlichen Akrobaten gefährlich.

Das Bild stammt aus dem Sommer 1985 und wiederholt sich jedes Jahr: Alle Schülerinnen und Schüler freuen sich am letzten Schultag auf die großen Ferien. Sechs Wochen Sommer, schulfrei und Urlaub lassen die Kinderherzen höher schlagen. Bevor es jedoch endgültig in die Ferien geht, muss noch schnell mit Freund und Freundin das Zeugnis verglichen werden.

Anfang September 1988 fand das achte Barockfest auf der Salzstraße in Münster statt. Veranstalter waren neben der Kaufmannschaft der Salzstraße die Stadt Münster, der Verkehrsverein und die Stadtsparkasse in Verbindung mit dem WDR. Die künstlerische Gesamtleitung hatte auch 1988 der bekannte Flötist Konrad Hünteler inne. Ein umfangreiches Begleitprogramm sorgte für Unterhaltung von Jung und Alt. Vor dem Erbdrostenhof stand eine Bühne, auf der abwechslungsreiche Darbietungen geboten wurden, so auch eine Aufführung der Ballettschule Pieter van der Sloot.

Im Jahr 1988 wurde der SC Preußen Meister der Oberliga Westfalen. Nach sechs vergeblichen Anläufen hoffte der münsterische Traditionsverein, wieder in die Fußballbundesliga aufsteigen zu können. Im dritten Spiel der Aufstiegsrunde am 29. Mai war Eintracht Braunschweig zu Gast und gewann zum Leidwesen der rund 15.000 Fans im Stadion mit 1:3. Letztlich verpassten die Münsteraner den Aufstieg, doch ein Jahr später schafften die Preußen den Einzug in die 2. Bundesliga.

Für nur fünf Tage wurden die aufwändigen Konstruktionen damals für den münsterischen Send aufgebaut. Kaum einer der Gäste machte sich eine Vorstellung davon, wieviel Arbeit und auch Sorgfalt für die Montage mancher Fahrgeschäfte erforderlich waren. Dies galt im Besonderen für die Attraktion des Herbstsends 1988: Die 1.050 Meter lange Dreifach-Looping-Bahn wurde zum ersten Mal in Münster präsentiert.

Proteste und Demonstrationen

An preiswertem Wohnraum für Studierende herrschte in Münster beständiger Mangel. So kam es immer wieder zur Besetzung leerstehender Häuser, so auch Ende Januar 1980 an der Serturnerstraße. Die beiden im Besitz der Stadt befindlichen Doppelhäuser sollten für den Ausbau der Ringstraße im Westen abgerissen werden. Die Hausbesetzer ließen sich in den bereits von den Versorgungsleitungen abgeklemmten Gebäuden nieder. Am 15. Februar fand in den frühen Morgenstunden die Zwangsräumung durch Polizeieinheiten in Kampfanzügen und mit Schutzhelmen statt. Zu gewalttätigen Ausschreitungen kam es jedoch nicht. Die Häuser waren wenige Stunden später bereits abgerissen.

Eine „sofortige Beendigung des Wettrüstens" forderte die Theologin und Professorin Dr. Uta Ranke-Heinemann im Mai 1978 auf der Abschlusskundgebung der münsterischen Friedens-initiative vor mehreren tausend Zuhörern. Die im Herbst des Vorjahres gegründete Initiative knüpfte angesichts des Datums ausdrücklich an den 1648 – damals vor 330 Jahren – in Münster geschlossenen Westfälischen Frieden an. Es war eine der ersten größeren Friedens-veranstaltungen in Münster.

Am 28. und 29. März 1981 fand in Münster der erste bundesweite Hausbesetzer-Kongress in der ehemaligen Pädagogischen Hochschule statt. Rund 800 Teilnehmende deckten das weite Spektrum von Hausbesetzern, Anarcho-Szene, Sponti-Gruppen, Punkern bis zu Gewerkschaftlern und politischen Vertretern ab, ließen aber wenig gemeinsame Interessen oder Strategien erkennen. Von dem Kongress gibt es kaum Fotos: Den geladenen offiziellen Pressevertretern waren jegliche Foto-, Film- oder Tonaufnahmen untersagt worden.

Auch mit kleineren Aktionen
wollten viele engagierte Friedensaktivisten gesellschaftliche Aufmerksamkeit erreichen. Dazu gehörten
etwa diese „Schweigekreise"
evangelischer Christen an verschiedenen Orten der Innenstadt. Das
Foto zeigt einen Kreis am Anfang
der Salzstraße an einem Samstag-
vormittag im November 1981. Alle
Teilnehmenden hatten ein Transparent vor dem Körper, auf dem eine
Begründung zu lesen war, weshalb
sie hier standen.

Zum dritten Jahrestag des Nato-Nachrüstungsbeschlusses fanden in der gesamten Bundesrepublik Protestaktionen statt. Vielfach wurden Zufahrtswege zu militärischen Einrichtungen blockiert. Eine dieser Blockaden fand am 12. Dezember 1982 auch in unmittelbarer Nähe Münsters statt und betraf das sogenannte Sonderwaffenlager Münster-Telgte in Ostbevern-Schirlheide, in dem Nuklearwaffen lagerten. Die Demonstrationen der Friedensaktivisten machten auf diese Einrichtung zwar aufmerksam, ihre Existenz rückte aber auch wegen der kaum vorhandenen Berichterstattung der Medien nicht ins breite öffentliche Bewusstsein.

Nach Aufgabe der Produktion und Räumung des Geländes stand das ehemalige Coca-Cola Betriebsgelände an der Steinfurter Straße leer. Angesichts des katastrophalen Mangels an Wohnraum für Studierende wurden die Gebäude am 2. November 1981 von rund sechzig jungen Menschen besetzt. Sie forderten die Einrichtung eines selbstverwalteten Studentenwohnheims.

Zehn Jahre nach dem gewaltsamen Sturz von Salvador Allende in Chile veranstalteten die Evangelische und die Katholische Studentengemeinde Münster mit dem Initiativkreis „Solidarität mit Chile" und in Zusammenarbeit mit weiteren Gruppen im Juni 1983 einen Kongress in Münster. Er hatte den Titel „Für Chiles Freiheit – Por la libertad de Chile. Kongreß gegen Militärdiktatur und Imperialismus in Chile und Lateinamerika". Prominentester Gast des Kongresses war Hortensia Bussi de Allende, die Witwe Salvador Allendes. Das Foto zeigt sie in Münster während eines Interviews.

Am 31. August 1983 machte sich ein Fahrrad-Korso von den Rieselfeldern in die münsterische Innenstadt auf. Die Aktion der Bürgerinitiative „Rettet die Rieselfelder" sollte dazu beitragen, ein geplantes Industriegebiet in der Nähe des Vogelreservats zu verhindern. Das Industriegebiet Hessenweg blieb aufgrund des massiven Protests in seinen Ausmaßen weitaus kleiner als von städtischer Seite ursprünglich geplant.

Unter dem Motto „Heute Grenada und morgen ..." wurde für den 29. Oktober 1983 zu einer Demonstration aufgerufen, die sich gegen die von dem Präsidenten der USA Ronald Reagan angeordnete Invasion der Karibikinsel Grenada richtete. Reagan galt der deutschen Linken als „Cowboy aus dem Weißen Haus" wegen seines vermeintlichen Feldzugs gegen Sozialismus und Kommunismus. Zweifellos wollten die USA die Etablierung eines weiteren sozialistischen Staats neben Kuba in der Karibik mit dieser Invasion verhindern.

Am Abend des 21. November 1983 umzog eine aus mehreren tausend Menschen bestehende Menschenkette die münsterische Innenstadt, um gegen die vorgesehene Raketenstationierung im Rahmen des Nato-Doppelbeschlusses in Deutschland zu demonstrieren. Die Abschlusskundgebung fand vor dem Rathaus statt. Der Vorsitzende der Friedensinitiative Münster kündigte weiteren Widerstand an, bis die letzte Atomrakete von deutschem Boden verschwunden sei. Am nächsten Tag fand im deutschen Bundestag die Abstimmung über die Stationierung statt.

In den späten 1970er und frühen 1980er Jahren erreichte das Wettrüsten zwischen Ost und West seinen Höhepunkt. Die Nato hatte 1979 beschlossen, neue atomar bestückte Raketen und Marschflugkörper in Westeuropa zu stationieren, wenn angebotene Verhandlungen über die Begrenzung von Mittelstreckenraketen scheitern sollten. Am 21. und 22. November 1983 fanden im Deutschen Bundestag Debatte und Abstimmung über die Stationierung statt. Mit bundesweiten Großdemonstrationen versuchte die Friedensbewegung, die sogenannte Nachrüstung zu verhindern. Auch in Münster kam es bereits am 21. November ab 12 Uhr mittags zu einer Protestkundgebung vor dem Stadthaus I, zu der der DGB aufgerufen hatte.

Im Jahr 1986 feierte das I. Korps der Bundeswehr sein dreißigjähriges Bestehen. Der Rat der Stadt stimmte am 2. Juli mit knapper Mehrheit für eine Patenschaft für das I. Korps. Die Friedensinitiative Münster begann am selben Tag ihre 8. Friedenswoche mit einer Demonstration vor dem Stabsgebäude am Hindenburgplatz und gratulierte mit einer selbstgebastelten „Bombentorte". Anschließend bildeten mehrere hundert Demonstranten eine Menschenkette und ließen sich fünf Minuten lang auf der Straße nieder, um die weltweite Aufrüstung anzuprangern.

Am Karfreitag des Jahres 1984 beteiligten sich auch in Münster mehrere tausend Menschen am Ostermarsch. Bereits seit den 1960er Jahren waren Ostermärsche in der Bundesrepublik als Protest gegen eine atomare Bewaffnung der Bundeswehr aufgekommen. Ihren Höhepunkt erlebten sie in den Jahren von 1979 bis 1983 als Protestaktion gegen den Nachrüstungsbeschluss der NATO. Auch nach der Zustimmung des Bundestags zur Nachrüstung beteiligten sich bundesweit rund 600.000 Menschen an den Abschlusskundgebungen in neun Großstädten.

Münster war zwar kein Zentrum der Metallarbeiter, aber für den Erhalt des arbeitsfreien Samstags traten im Mai 1987 immerhin 200 Beschäftigte aus verschiedenen Metallbetrieben vor den Werkstoren der Maschinenfabrik Emil Jäger auf dem Dahlweg in den Warnstreik. Einer der Beteiligten trug ein Plakat, mit dessen Kinderslogan „Samstags gehört Vati mir" der Deutsche Gewerkschaftsbund bereits 1956 die Fünf-Tage-Woche gefordert hatte. Das Plakat war allerdings ein wenig modernisiert worden: So war etwa unten die Forderung der 35-Stunden-Woche eingefügt worden. Davon hätte 1956 niemand auch nur zu träumen gewagt.

Zu dieser Demonstration von Tierschützern kam es im Januar 1988, als vor dem Landgericht das Urteil in einer zivilen Schadensersatzklage gesprochen wurde. Tierschützer hatten 17 Affen und zehn Hunde aus einem Gebäude der Universität „befreit", in dem eine Forschungsgruppe der Max-Planck-Gesellschaft für Reproduktionsmedizin mit Tieren experimentiert hatte. Die Tierschützer wurden zum Schadensersatz für die Tiere verurteilt. Die Affen überstanden ihre Befreiung allerdings nicht gut: Sechs überlebten Betäubung und Transport nicht, fünf fand der Vorsitzende einer Kurstadt in Rheinland-Pfalz bei schlechter Gesundheit vor seiner Tür. Der Verbleib der übrigen war nicht bekannt.

Nicht nur gegen Nato-Doppelbeschluss und Atomkraft wurde in den 1980er Jahren demonstriert, auch die Volkszählung im Jahr 1987 und der Umgang mit den Daten wurden heftig kritisiert. Die Skepsis in der Bevölkerung war nicht gering, und vor allem in Städten mit großem studentischen Bevölkerungsanteil war die Ablehnung groß. Initiativen riefen zum Boykott auf, so auch in Münster auf dem Prinzipalmarkt im Mai 1987. In Druckschriften wurde dazu aufgerufen, die Kennnummer aus dem Volkszählungsbogen zu schneiden und das Papier bei der örtlichen VoBo-Initiative abzugeben. Bei der münsterischen Stelle sollen 17.000 derartige Bögen abgegeben worden sein, nicht so viele wie erwartet, doch die Quote der Verweigerer war erheblich höher als bundesweit.

Am 1. Februar 1989 wurde das münsterische Rathaus nachmittags von Studierenden besetzt. Die Aktion begann mit einer Demonstration vor dem Gebäude. Anschließend ließen sich die Studierenden in der Bürgerhalle nieder, um auf die Wohnungsnot aufmerksam zu machen. Neben Oberstadtdirektor Dr. Hermann Fechtrup diskutierten noch weitere Dezernenten sowie Ratsmitglieder mit den Protestierenden. Presseamtsleiter Franz Matuszczyk nannte den Meinungsaustausch „durchgängig intensiv und lebhaft". Nach gut fünf Stunden gaben die Besetzer das Rathaus wieder in die ordnungsgemäßen Hände zurück.

Mitte der 1980er Jahre versuchte die Elterninitiative „Städtische Gesamtschule" diesen Schultyp in städtischer Trägerschaft in Münster zu etablieren. SPD und GAL unterstützten dieses Projekt, das aber im Februar 1986 und auch ein Jahr später an zu niedrigen Anmeldezahlen scheiterte. Laut Ratsbeschluss hätten mindestens 112 Kinder für diese Gesamtschule angemeldet werden müssen. Es lagen jedoch nur 91 und im folgenden Jahr 81 Anmeldungen vor. Die Elterninitiative gab aber nicht auf: Beim Rosenmontagszug im Februar 1989 verlieh sie mit einem eigenen Wagen ihrer Forderung nach einer städtischen Gesamtschule nochmals Ausdruck.

Im Herbst 1989 machten diese Referendarinnen und Referendare des Studienseminars Rheine vor dem münsterischen Arbeitsamt auf ihre Situation aufmerksam. Auch ihnen drohte nach dem Ende der Ausbildung statt Lehrerstelle die Arbeitslosigkeit. Und so gaben sie als vorbeugende Maßnahme schon jetzt ihre Anträge auf Arbeitssuche ab. Mitte der 1980er Jahre erlebte die Lehrerarbeitslosigkeit ein bis dahin unbekanntes Ausmaß. Zum Ende des Jahrzehnts hatte sich die Situation zwar schon gebessert, aber noch immer waren bundesweit über 23.000 Lehrkräfte arbeitslos gemeldet, davon ein Drittel in Nordrhein-Westfalen.

Aus dem münsterischen
Geschäftsleben

Alle Jahre wieder kommt in vielen Geschäften kurz nach dem Weih-
nachtsgeschäft neuerlicher Stress auf: In den ersten Januartagen heißt
es zählen, zählen, zählen. Die Inventur erfolgt nicht unbedingt freiwillig,
vielmehr ist jedes Geschäft im Rahmen der ordnungsmäßigen Buchfüh-
rung verpflichtet, einmal jährlich den Warenbestand zu ermitteln. In
Zeiten ohne computergestützte Warenvorratsprogramme bedeutete dies
tatsächlich, sämtliche Waren aus den Regalen zu nehmen und in Inven-
tarlisten zu verzeichnen. Kunden standen an diesem Tag vor verschlosse-
nen Türen.

Eine Institution des Kreuzviertels stellte bereits im Frühherbst 1982 der Feinkostladen von Christoph Jauch dar. Zuerst im Tiefparterre an der Studtstraße ansässig, zog das Geschäft dann in den besser frequentierten Bereich der Hoyastraße an der Kreuzkirche um, wo Jauch nunmehr seit über dreißig Jahren seine treue Kundschaft empfängt.

Wie aus anderen Zeiten mutet das kleine Ladenlokal der Reparatur-Schuhmacherei von Kurt Exner im September 1982 auf der Uppenbergstraße an. Das Schaufenster strahlte noch den Charme der 1950er Jahre aus, war aber auch wenige Jahre später bereits nur noch Erinnerung an vergangene Zeiten.

Über Jahrzehnte hinweg war das Pfandleihhaus Malsky am Beginn der Wolbecker Straße eine stadtbekannte Institution, von der jeder hoffte, dass man sie möglichst nie in Anspruch nehmen müsse. Seit 1950 betrieb Artur Malsky mit seiner Frau Maria seine Pfandleihe, die offenbar vor allem von Studierenden als Stammkunden genutzt wurde. Die Zinsen für einen beliehenen Gegenstand betrugen im Jahr 1982 ein Prozent pro Monat, hinzu kam noch eine monatliche Gebühr für Aufbewahrung und Versicherung in Höhe von zwei Prozent. Nach drei Monaten musste der beliehene Gegenstand ausgelöst oder der Vertrag verlängert werden. Andernfalls konnte das entsprechende Objekt versteigert werden.

Bevor die ersten Kunden das neue Karstadt-Kaufhaus betreten konnten, wurden im August 1986 auf mehreren Etagen die Waren eingebracht und entsprechend dekoriert. Damit kurz vor der Eröffnung auch nichts wegkam, passte dieser Wachmann auf. Gegen die Eintönigkeit der Arbeit half Lektüre.

Zu den Königsstudios in der Königspassage gehörte eine große Schallplattenabteilung, die ein umfassendes Angebot bereithielt. Auch Stereoanlagen gehörten zum Angebot dieses Geschäfts, aber der Siegeszug von CD-Playern und CDs stand erst noch bevor. In welch kurzer Zeit die Schallplatte von dem neuen Speichermedium abgelöst wurde, hätte zum Zeitpunkt dieser Aufnahme im Herbst 1983 wohl kaum jemand für möglich gehalten. In den 1990er Jahren war die Schallplatte weitgehend aus den Musikläden verdrängt.

Nomen est Omen: In dem Mitte der 1980er Jahre eröffneten Geschäft in der Königspassage mit dem Namen CeDe gab es nur CDs. Der Inhaber Hüsnü Morava, der damals im Kuhviertel einen renommierten Laden für Hifi-Anlagen betrieb, wollte mit diesem Geschäft auf das bereits vorhandene breite Angebot von CDs für die neuen Abspielgeräte hinweisen. Der doppelte Verdienst an Gerät und Tonträger war natürlich auch bedeutsam. Wenige Jahre zuvor wäre ein Musikgeschäft ohne Schallplatten unvorstellbar gewesen.

Nach über 175 Jahren schloss die münsterische Traditionsbuchhandlung Ferdinand Coppenrath am Prinzipalmarkt Ende 1987 ihre Pforten. Die Verkaufsräume übernahm der bereits in der ersten Etage ansässige Juwelier Oeding-Erdel, der in den nächsten Jahren noch die Geschäftsflächen des kleinen Hutladens Stark sowie von „Zigarren Fincke" übernahm. Einige der eingesessenen Buchhandlungen verschwanden im Verlauf der 1980er und 1990er Jahre aus dem Stadtbild: Neben Coppenrath auch Thiele (Prinzipalmarkt), Baader (Drubbel) und Regensberg (Alter Fischmarkt).

Ein typisches Bild an den Samstagen vor Weihnachten in Münster: Die Innenstadt quillt förmlich über vor Menschen. Davon lebt die ansässige Kaufmannschaft, aber nicht zuletzt auch die gesamte Stadt. Und genau in diese Richtung ging auch das Marktanalysegutachten eines renommierten Wirtschaftsforschungsunternehmens Ende 1988. Die Empfehlung lautete, die City zu stärken, Fußgängerzonen auszubauen, aber auch die Attraktivität des Einzelhandels zu steigern. Ein Wink mit dem Zaunpfahl an die Gewerbetreibenden: Ein erheblicher Teil der Kundschaft bemängelte damals die Freundlichkeit des Personals oder die Serviceleistungen.

Die örtliche Konkurrenz reagierte auf den Karstadt-Neubau mit einer größeren Umbau-maßnahme. Zur feierlichen Eröffnung war neben lokaler viel auswärtige Prominenz ange-reist, so der Düsseldorfer Fraktionsvorsitzende der SPD und der Vorsitzende der BAT-Indus-tries aus London. Aus Horten wurde Galeria Horten, worauf äußerlich vor allem die neue Eingangssituation hinwies. Am ersten Öffnungstag Ende September 1988 wollten sich vor allem viele Münsteranerinnen selbst einen Eindruck von Galeria Horten verschaffen.

Im Laden Henke an der Raesfeldstraße roch es meist nach Kaffee, der im Geschäft geröstet wurde. Der seit 1907 bestehende und von der Familie Henke betriebene Laden war wegen der persönlichen Betreuung und der besonderen Atmosphäre bei der Kundschaft hoch geschätzt. Umso größer war die Freude, dass die aus dem Jahr 1911 stammende Inneneinrichtung nach der Schließung des Ladens aus Altersgründen in einem eigenen Kabinett des Stadtmuseums wieder aufgebaut wurde. Das Foto entstand am letzten Öffnungstag am 25. Februar 1989.

Politisches Münster

Das Foto des münsterischen Bundestagsabgeordneten Jürgen W. Möllemann und seines Mentors Hans-Jürgen Genscher strahlt eine gewisse Zufriedenheit aus. Möllemann hatte als damaliger Wehrexperte der FDP einen verteidigungspolitischen Kongress seiner Partei in Münster organisiert, auf dem im April 1979 beide als Hauptredner auftraten. Möllemann war damals dem FDP Vorsitzenden und Außenminister Genscher eng verbunden und half dabei, 1982 die Wende – den Wechsel der FDP von der SPD zur CDU in der Regierungskoalition – vorzubereiten und durchzusetzen. Der Außenminister dankte es ihm mit dem Posten eines Staatsministers im Auswärtigen Amt.

In seltener Eintracht versammelten sich am 10. März 1979 vor dem Regierungspräsidium Mitglieder von drei bundesdeutschen Parteien, die an der ersten Europa-Wahl im Juni 1979 teilnahmen. Regierungsvizepräsident Josef Ruwe (am Mikrofon) und Annemarie Peus (1. von links) als Vorsitzende der münsterischen Europa-Union betonten eingangs die Bedeutung dieser ersten Wahl zum Europäischen Parlament. Hintergrund der Veranstaltung waren Befürchtungen, dass in der Bundesrepublik die Wahlbeteiligung besonders niedrig sein könnte. Alle drei anwesenden Politiker schafften übrigens den Einzug in das Straßburger Parlament: Mechthild von Alemann für die FDP (2. von links), Paul Schnittker für die CDU (3. von links) und Erdmann Linde für die SPD (4. von links). Die Sorge um die Wahlbeteiligung erwies sich als unbegründet: Mit fast 66 Prozent lag sie rund vier Prozent über dem EU-Durchschnitt.

Zu turbulenten Szenen führte die Besetzung von Häusern an der Sertürnerstraße im Vorfeld einer Ratssitzung. Eine Gruppe junger Sympathisanten wies in einem pantomimischen Spiel und mit Liedern und Versen auf die Wohnungssituation in der Stadt hin und forderte, den Abriss bestehenden Wohnraums einzustellen. Die Ratssitzung am 6. Februar 1980 konnte erst mit Verspätung beginnen und wurde dann von Oberbürgermeister Dr. Werner Pierchalla wegen weiterer Störungen unterbrochen. Die erst seit kurzem im Rat vertretene GAL (Grüne Alternative Liste) konnte sich nicht mit ihrem Antrag durchsetzen, die besetzten Häuser an der Sertürnerstraße als Wohnraum freizugeben.

Seit der ersten Sitzung des neuen Rats der Stadt am 17. Oktober 1979 war in der münsterischen Politik vieles anders: Von nun an war die Grüne Alternative Liste (GAL) im Rat vertreten. Erstmalig angetreten, erreichten die Vertreter der GAL sofort sechs Prozent der Stimmen. So saßen nun vier Vertreter der GAL im Rat: Olaf Steinmeyer, Franz-Hermann Lammersdorf, Notburga Geier und Andreas Tenzer (von links nach rechts). Es war das letzte Mal, dass die CDU alleine regieren konnte. Noch aufsehenerregender war der grüne Stimmenausbau auf über 15 Prozent im Jahr 1984. Umweltthemen bekamen damit im münsterischen Stadtrat einen neuen bedeutenderen Stellenwert.

Der anerkannte Jura-Professor Dr. Kurt Biedenkopf war in den 1970er Jahren ein enger Vertrauter von Dr. Helmut Kohl und seit 1973 Generalsekretär der CDU. Wegen Meinungsdifferenzen mit Kohl gab er diesen Posten 1977 auf. Wenige Wochen vor der Landtagswahl in Nordrhein-Westfalen im Jahr 1980 verstarb der CDU-Spitzenkandidat. Daraufhin trat Biedenkopf gegen Ministerpräsident Johannes Rau an. Seinen Wahlkampfbesuch in Münster auf der Salzstraße ließen sich rund 3.000 Münsteranerinnen und Münsteraner nicht entgehen. Am Wahltag im Mai musste die CDU schwere Verluste hinnehmen.

Der CSU-Vorsitzende Franz Josef Strauß hatte sich für die Bundestagswahl 1980 als Kanzlerkandidat der CDU/CSU durchsetzen können. Er trat gegen Bundeskanzler Helmut Schmidt
an. Der Wahlkampf konzentrierte sich weitgehend auf das Duell zwischen diesen beiden
Männern. Am 27. August 1980 sprach Strauß vor rund 18.000 Anwesenden auf dem Domplatz, ein Nachkriegsrekord für eine politische Veranstaltung in Münster. Viele waren aber
wohl nur gekommen, um Strauß einmal live zu erleben. Das Wahlergebnis fiel eindeutig
zugunsten der Regierungskoalition von SPD und FDP aus, die Union verlor sogar über vier
Prozent an Stimmen, was viele auf den polarisierenden Bayern zurückführten.

„Hoch auf dem gelben Wagen" sangen Altbundespräsident Walter Scheel, Jürgen W. Möllemann und die übrigen Herren tatsächlich im Moment der Aufnahme am 30. September 1980. Mit diesem deutschen Volkslied hatte Scheel 1974 gemeinsam mit dem Düsseldorfer Gesangverein den fünften Platz der deutschen Musikcharts belegt. Zuvor hatte das Männerquartett Hilaria 09 dem hohen Gast des Bundestagsabgeordneten Möllemann ein Ständchen gebracht.

Es war zwar kein Wahlkampf, aber dennoch wandte sich der damalige Vorsitzende des SPD-Unterbezirks Münster und Mitglied des Deutschen Bundestags Wolf-Michael Catenhusen am 29. September 1982 an die Öffentlichkeit. Knapp zwei Wochen zuvor waren die FDP-Minister der sozialliberalen Koalition zurückgetreten und damit ihrer Entlassung durch Bundeskanzler Helmut Schmidt zuvorgekommen. Die seit 1969 bestehende Regierungskoalition von SPD und FDP war zerbrochen. Catenhusen protestierte gegen angekündigte Sparmaßnahmen der mutmaßlichen neuen schwarz-gelben Koalition. Am 1. Oktober wurde Helmut Schmidt durch ein konstruktives Misstrauensvotum gestürzt und Dr. Helmut Kohl neuer Kanzler.

Bereits im Dezember 1981 hatte es für bundesweite Schlagzeilen gesorgt, dass der Haushalt der Stadt Münster trotz einer absoluten Mehrheit der CDU nicht verabschiedet werden konnte: Einige Mitglieder der eigenen Ratsfraktion hatten die Zustimmung verweigert. Am 3. Februar 1982 kam es zu einer neuerlichen Abstimmung, die parteiintern gut vorbereitet war. Doch das Ergebnis bedeutete ein Desaster für die CDU. Aufgrund vorgesehener Steuererhöhungen verweigerten einige CDU-Ratsherren ihre Zustimmung. Auch die städtischen Dezernenten Hermann Jansen, Hans Gersch und Dr. Werner Kelm (vordere Reihe sitzend, von links nach rechts) wirken sprachlos. Wenige Tage später trat der Vorstand der CDU-Ratsfraktion unter Führung von Hildegard Graf (links) geschlossen zurück.

Im Februar 1983 war Oskar Lafontaine noch Oberbürgermeister von Saarbrücken und Mitglied des SPD-Parteivorstandes, als er auf Einladung des SPD-Bundestagsabgeordneten Wolf-Michael Catenhusen in Münster eine Wahlkampfveranstaltung für seine Partei bestritt. Im Mittelpunkt seiner Rede stand die Abrüstungsdebatte. Auf dem Höhepunkt der Auseinandersetzung um ein Gleichgewicht konventioneller wie atomarer Rüstung in Ost und West schlug Lafontaine auch eine einseitige Abrüstung des Westens vor, um die Rüstungsspirale zu durchbrechen.

Bundeskanzler Dr. Helmut Kohl eilte während des Europa-Wahlkampfs 1984 von Stadt zu Stadt. Am 5. Juni kam er zu einem Auftritt nach Münster auf den Domplatz, wo ihn rund 7.000 Menschen erwarteten. Allerdings waren dies nicht nur Anhänger des Bundeskanzlers. Trotz der Polizeikontrolle an den Zugängen warfen Demonstranten Eier und Tomaten auf den Kanzler. Nachdem schon einige Wurfgeschosse in unmittelbarer Nähe des Kanzlers gelandet waren, versuchten zu seinem Schutz abgestellte Beamte, Helmut Kohl mit Regenschirmen vor weiteren Wurfattacken zu bewahren.

Vier prominente münsterische Bundestagskandidaten – Wolf-Michael Catenhusen (SPD), Dr. Friedrich-Adolf Jahn (CDU), Winfried Nachtwei (Die Grünen) und Jürgen W. Möllemann (FDP) – trafen sich am 20. Februar 1983 abends in der Diskothek Batavia zu einem Schlagabtausch unter dem Motto „Münster vor der Wahl". Wenn man der damaligen Zeitungsberichterstattung Glauben schenken darf, ging es neben manchem seichten Geplänkel vor allem um die Bezahlung der Politiker. Die Grünen waren laut Parteibeschluss damals besonders rigoros: Dem Abgeordneten sollten netto 1.950 DM zuzüglich 1.500 DM Aufwandsentschädigung ausbezahlt werden. Jürgen W. Möllemann meinte daraufhin, den Job für rund 2.000 DM nicht zu machen, zudem wolle er nur noch eine Legislaturperiode in Bonn bleiben, um sich dann seiner Werbeagentur zu widmen.

Nur wenige Tage vor der Kommunalwahl am 30. September 1984 entstand dieses Foto mit Wahlplakaten der angetretenen Parteien. Die Abfolge von links nach rechts zeigte auch die Stärke der Parteien, zumindest bei der vorherigen Wahl. Die Verhältnisse änderten sich mit dieser Wahl, errang doch die GAL mehr als 15 Prozent der Stimmen. Auffallend an den Plakaten aller Parteien ist, dass kaum Politiker abgebildet sind.

Anlässlich des 25. Jahrestags erinnerte die Junge Union Münster mit einer kleinen symbolischen Mauer auf der Salzstraße an den Beginn des Berliner Mauerbaus am 13. August 1961 und erregte mit dieser Protestveranstaltung Aufsehen. Viele Menschen in der Bundesrepublik hatten sich mit der Teilung Deutschlands und der Mauer in Berlin wie der innerdeutschen Grenze zwar vielleicht nicht abgefunden, beides aber als politische Realität akzeptiert. Sicherlich hätte damals kaum einer auf der Salzstraße für möglich gehalten, dass nur gut drei Jahre später die Berliner Mauer tatsächlich „fallen" würde.

Am 17. Oktober 1984 war es amtlich: Der neue Oberbürgermeister von Münster hieß Dr. Jörg Twenhöven. Wie erwartet, war er mit den Stimmen von CDU und FDP gewählt worden, zugleich endete aber auch die seit 1961 andauernde Alleinregierung der CDU in Münster. Gleichwohl stand Twenhöven für einen neuen und jungen Geist in der CDU und sprach sich in seinen Dankesworten nach der Wahl auch für den Schutz von Umwelt und Natur aus. Das Foto zeigt den Moment, in dem der alte Oberbürgermeister dem neuen die Amtskette umlegt.

Mit einer eigenwilligen Demonstration in historischer Kleidung verliehen diese Frauen im August 1988 auf dem SPD Parteitag in Münster ihrer Forderung nach Einführung einer Frauenquote Ausdruck. Die Aktion wurde vom Parteivorstand offenbar mit Humor aufgenommen. Auch Parteichef Dr. Hans-Jochen Vogel (untere Reihe sitzend, 2. von rechts) zeigt ein Lächeln. Nach ausgiebiger und teils kontroverser Diskussion wurde eine sofortige Berücksichtigung weiblicher Mitglieder bei der Vergabe von Parteiämtern in Höhe von 33 Prozent und von 1994 an in Höhe von vierzig Prozent beschlossen.

Am 1. Oktober 1989 wurde Oberbürgermeister Dr. Jörg Twenhöven in seinem Amt bestätigt. Gemeinsam mit der FDP konnte die CDU erneut die Mehrheit im Rat stellen. Der befürchtete beziehungsweise herbeigesehnte Wechsel fand nicht statt. Verluste mussten die Christdemokraten, aber auch die Grünen hinnehmen, während SPD und FDP Gewinne verbuchen konnten. Das Foto zeigt Oberbürgermeister Dr. Jörg Twenhöven und die SPD-Spitzenkandidatin Marion Tüns am Wahlabend in der Bürgerhalle des Rathauses.

Bundesaußenminister Hans-Dietrich Genscher weilte auf dem Höhepunkt des Kommunal-
wahlkampfs 1989 auch in Münster. Er zeigte sich nach einer Erkrankung erstmals wieder
einer größeren Öffentlichkeit und warb für die Positionen der FDP. Die Deutschlandpolitik
war in dieser Zeit zu einem brisanten Thema geworden, suchten doch im Sommer 1989
immer mehr DDR-Bürger eine Fluchtmöglichkeit in die Bundesrepublik über andere Ost-
blockstaaten oder in die dortigen Vertretungen der Bundesrepublik. Nur kurze Zeit später
kollabierte der DDR-Staat unter der wachsenden Opposition seiner Bürger. Rechts neben
Genscher stehen die Ratsmitglieder Carola Möllemann-Appelhoff und Hein Götting.

Nach 28 Jahren „fiel" in der Nacht vom 9. auf den 10. November 1989 die Mauer zwischen Ost- und West-Berlin. Es war ein großer Zufall, dass diese Ereignisse von münsterischen Journalisten hautnah miterlebt und dokumentiert werden konnten. Sie nahmen auf Einladung des SPD-Bundestagsabgeordneten Wolf-Michael Catenhusen an einer Informationsfahrt nach Berlin teil. Am Freitag, dem 10. November, erklomm die münsterische Gruppe die Mauer und hielt diesen geschichtsträchtigen Moment in eindrucksvollen Bildern fest.

Es war der Grenzübergang Bornholmer Straße, an dem am 9. November am späten Abend zuerst die Passkontrollen eingestellt und ein freier Verkehr nach Westberlin ermöglicht wurden. Die münsterische Journalistin Uta Ribbert fotografierte an diesem Wochenende einige der Ost-Berliner auf dem Weg zu ihrem ersten Besuch im Westen. Vielen ist die Ergriffenheit an den Gesichtern abzulesen. Die Situation war zu diesem Zeitpunkt noch unklar: Bleibt die Mauer offen, und wie reagiert die Nationale Volksarmee beziehungsweise die Sowjetunion? Dass die Lage nicht mehr umkehrbar sein würde, offenbarte sich erst allmählich.

Geschichte und Kunst

Nach fünfjähriger Abwesenheit kehrte die Skulptur „Dolomit, zugeschnitten" am 21. Oktober 1986 wieder an den Ort zurück, für den Ulrich Rückriem sie anlässlich der Ausstellung Skulptur 77 neben der Petrikirche geschaffen hatte. Bis 1981 hatte sie dort gestanden, war dann aber von einem privaten Sammler erworben worden. Für die zweite große Skulpturenausstellung 1987 kehrte sie nun zurück, gedacht als Brückenschlag zwischen den beiden Ausstellungen. Problematisch war die häufige Nutzung der Skulptur als Plakatwand.

Bereits in den 1960er Jahren hatte sich eine Initiative für die Aufstellung eines Denkmals für Kardinal Clemens August von Galen gegründet. Nach langen Überlegungen wurde der Salzburger Künstler Toni Schneider-Manzell beauftragt. Strittig blieb lange Zeit der Standort für das neue Denkmal, so dass im April 1978 mit einem sorgfältig ausgearbeiteten Modell mehrfach Stellproben veranstaltet wurden. Ganz ohne Blessuren ging das nicht vonstatten: Der Kopf des Kardinals blieb nicht auf seinem vorgesehenen Platz und musste separat getragen werden. Man einigte sich schließlich auf den heutigen Standort im Osten des Doms. Das Denkmal erhielt somit einen an den Rand gedrängten Platz, der bis heute den Eindruck erweckt, als wolle man es aus dem Blickfeld nehmen.

Hochstimmung kam auf, als die Kunstakademie im Januar 1982 ihre neugestalteten Räume im Gebäude einer ehemaligen Großhandelsfirma an der Scheibenstraße bezog. Nicht zuletzt war damit ein wichtiger Schritt in Richtung der geplanten Selbständigkeit getan. Denn seit der Gründung im Jahr 1971 firmierte die Einrichtung offiziell als „Abteilung für Kunsterzieher Münster der Staatlichen Kunstakademie Düsseldorf". Wohl nicht umsonst hält Professor Gunther Keusen das Namensschild so, dass man den Namen der Landeshauptstadt nicht lesen kann. Etwas gedulden musste man sich noch: Erst 1987 kam es zur Loslösung von Düsseldorf als Kunstakademie Münster, Hochschule für Bildende Künste. Heute hat die Kunstakademie ihren Sitz auf dem Leonardo-Campus.

Anfang Juli 1982 wurde die von der Stadt angekaufte Skulptur „Aufstieg" von Otto Freundlich in der Fußgängerzone der Klemensstraße zwischen dem damaligen Horten-Gebäude und dem Stadthaus I aufgestellt. Der 1943 im Konzentrationslager Majdanek ermordete Freundlich hatte die Skulptur 1929 in Paris geschaffen. Münster erwarb den weltweit fünften Abguss. Allerdings erwies sich der Standort zwischen den mächtigen Gebäuden als nicht optimal. Nach ihrem Abbau 1991 ging die Skulptur für einige Zeit als Leihgabe an das Wilhelm-Lehmbruck-Museum in Duisburg. Ende 1992 erfolgte der städtische Beschluss, sie auf dem Maria-Euthymia-Platz aufzustellen.

Als Hans Galen 1979 zum Leiter des Stadtmuseums gewählt wurde, gab es keine Museumssammlung, kein Museumsgebäude und auch kein weiteres Personal. Umso beachtlicher ist es, in welch kurzer Zeit es gelang, das Stadtmuseum zu einer der wichtigsten Institutionen der münsterischen Kulturlandschaft zu machen. Am 1. Oktober 1982 eröffnete das damals noch in einer Villa an der Windthorststraße untergebrachte Museum mit der Ausstellung „Die Wiedertäufer in Münster" seine Pforten. Dass Museum wie Ausstellung eine Lücke schlossen und ein verbreitetes Bedürfnis in der Bevölkerung stillten, zeigte der große Andrang: Die Ausstellung war mit über 45.000 Besucherinnen und Besuchern ein kaum zu übersehender Auftakt und enormer Erfolg. Der Katalog erlebte fünf Auflagen und wurde damals über 12.000 Mal verkauft.

In einem Innenhof an der Klosterstraße lagen die Räume der Produzenten-Galerie Grundriss Sieben. Am 3. September 1983 fand dort eine aufsehenerregende Performance statt. Auf einem Podest ließ eine junge Frau den Pelzmantel von den Schultern gleiten, um dann völlig unbekleidet von dem Künstler Hajo Mussenbrock am ganzen Körper bemalt zu werden. Die in den frühen 1980er Jahren eigentlich nicht mehr sonderlich avantgardistische Aktion schaffte es dann aber doch zu einem kleinen Skandal. Der Vermieter der Galerie tauchte auf und zeigte sich keineswegs einverstanden mit „dieser Schweinerei": Wenige Tage später erhielt die Galerie schriftlich die fristlose Kündigung.

In Zusammenarbeit mit dem Kulturamt veranstaltete die Ausstellungsinitiative Scharnhorststraße im Sommer 1984 eine Reihe von Installationen und Performances im Stadtraum. Den Auftakt machte eine Klanginstallation von Christina Kubisch in der Lagerhalle Scharnhorststraße/Ecke Körnerstraße. Ein Labyrinth von Kabeln durchzog die Halle. Zwei schwarze Würfel als Empfänger ließen bei den Hörern, die offensichtlich dabei großes Vergnügen hatten, Klangbilder entstehen, die sich durch Bewegung der Hörenden im Raum in permanenter Veränderung befanden.

Nachdem sie einige Zeit vor dem münsterischen Schloss gestanden hatte, trat „Der große schwarze Mann", eine Statue des damals in Münster ansässigen Künstlers Baby Joachim Daman-M'Bemba, im Dezember 1983 ihre Reise nach Afrika an. Ihren endgültigen Platz sollte die Statue vor dem Bahnhof von Brazzaville, der Hauptstadt der Republik Kongo, erhalten.

Richard Serras Skulptur „Trunk" im Hof des Erbdrostenhofes war eine der Hauptattraktionen der Ausstellung Skulptur 87. Allerdings gab es nach der ersten Aufstellung Mitte März zunächst Probleme, weil der Untergrund dem zwölfeinhalb Tonnen schweren Kunstwerk nicht gewachsen schien. Nach einigen Tagen wurde die Skulptur demontiert. Wenig später konnte die Skulptur ohne Sicherheitsbedenken dann doch in die richtige Stellung gebracht werden.

Was auf den ersten Blick wie der Bau einer neuen Lagerhalle aussieht, ist tatsächlich die Metallkonstruktion für den Wewerka-Pavillon auf der Aaseewiese am Kardinal-von-Galen-Ring im März 1989. Der Künstler Stefan Wewerka hatte den Pavillon ursprünglich für die documenta 8 in Kassel entworfen. Einer Initiative münsterischer Kunstfreunde gelang es, ihn als Kunstobjekt und permanenten Ausstellungsraum in Münster aufzustellen. Im Mai 1989 wurde der Pavillon eingeweiht und steht seitdem unter der gemeinsamen Obhut der Stadt Münster und der Kunstakademie.

Die Grabung auf dem Domherrenfriedhof im Innenhof des Domkreuzgangs fand in den Jahren 1986 bis 1989 statt und förderte neben wichtigen neuen Erkenntnissen auch über 400 Gräber aus der Zeit vom späten 8. bis zum 18. Jahrhundert zutage. Die Archäologen stießen auf die Fundamente einer karolingischen Kirche aus der Zeit um 800. Das Foto hält die letzte Phase der Grabung im Sommer 1989 fest, in der einige der ältesten Bestattungen freigelegt werden konnten. Studierende sind mit der Dokumentation der Befunde beschäftigt.

Musik und Kneipenszene

In überschwänglichen Tönen angekündigt, erwies sich das Konzert von
DAF (Deutsch-Amerikanische Freundschaft) am 17. Oktober 1986 im
Odeon als Desaster. Das Kultduo der Neuen Deutschen Welle hatte
1981/1982 mit drei Alben großen Erfolg. Ihre Texte waren häufig
provokativ: Der Song „Mussolini" trug dem Duo den Vorwurf mangelnder
Distanz zum Faschismus ein. Nach Trennung und Soloaktivitäten vereinig-
ten sich Robert Gorl und Gabi Delgado-López 1986 wieder, brachten ein
neues Album heraus und gingen auf Tournee. Doch die Fans in Münster
fühlten sich von der neuen Musik des Duos auf den Arm genommen,
da sie sich nicht von üblichem Disco-Sound unterschied. Da half auch
die Unterstützung von Discjockey Westfalia Bambaataa – heute West-
bam – nichts. Aus Verärgerung über das Konzert verprügelten hinterher
Skinheads wahllos mehrere Passanten krankenhausreif.

Das war sicherlich ein ganz außergewöhnlicher Auftritt am 1. Februar 1983 in Münster: Der Weltstar Nana Mouskouri besuchte einen Tag vor seinem Konzert in der Halle Münsterland den Krankenhausfunk des Evangelischen Krankenhauses. Die Sängerin stattete nicht nur dem Studio, sondern auch Patienten einen Besuch ab, und so dauerte der Termin erheblich länger als geplant. Wer sein Krankenzimmer verlassen konnte, machte sich auf in Richtung Studio, um den prominenten Gast unmittelbar in Augenschein nehmen zu können.

In der ersten Hälfte der 1980er Jahre erlebte der Italo-Pop eine Welle der Begeisterung in Deutschland. In vielen Städten gab es Konzerte mit italienischen Bands. Am 31. Oktober 1983 veranstaltete auch die Halle Münsterland eine „Notte Italiana" mit gleich sieben Stars aus dem Land der deutschen Sehnsucht. Vom frühen Abend bis Mitternacht dauerte das südliche Konzert. Das Foto zeigt das international sehr erfolgreiche Duo Al Bano und Romina Power. Zu hören und zu sehen waren als bekanntere Stars auch noch Ricchi e Poveri, Toto Cutugno und Pupo.

Diese Kneipe kam über Jahre hinweg einer münsterischen Institution gleich: „der bunte Vogel",
kurz Buvo genannt, an der Rothenburg. Das Wappentier, ein ausgestopfter Tukan, stand stets
oben auf der Zapfanlage. Voll war diese Kneipe eigentlich immer, doch samstagmittags kam es
wegen des Andrangs von Schülern nach Schulschluss und Studierenden nach dem Aufstehen
zu regelrechten Verkehrsstörungen. Legendär waren auch die Karnevalparties. Der Feuerwehr-
mann war am 2. März 1984 kein verkleideter Gast, sondern im Einsatz. Vor der Tür stand ein
Löschfahrzeug. Offenbar informierte er die Einsatzleitung gerade über diesen Fehlalarm, oder
aber er meldete sich gerade vom Dienst ab.

Bereits der Ruf der auch als „englische Chaoten-Combo" im März 1984 angekündigten Psychobilly-Rock Band King Kurt ließ einiges erwarten: nicht unbedingt in musikalischer Hinsicht, sondern an Ärger. Die Konzerte der Band waren einigermaßen berüchtigt für den Einsatz von Mehl, Eiern und Tapetenkleister. Davon hatten wohl auch die münsterischen Fans gehört. Bereits zwei Stunden vor Konzertbeginn im Odeon kamen die erwähnten Substanzen auf dem Krummen Timpen zum Einsatz. Auch die herbeigerufene Polizei wurde entsprechend empfangen. Erst nach intensiven Leibesvisitationen erhielten die Fans Einlass: Soweit noch vorhanden, durften Mehl, Eier und Farbbeutel aber behalten werden.

Als Götz Alsmann am 23. Dezember 1986 in der Destille dieses vorweihnachtliche Konzert gab, war er in Münster und im Westdeutschen Rundfunk bereits ein bekannter Musiker und Moderator. Die Münsteraner kannten ihn auch mit seiner damaligen Band Sentimental Pounders. In der Destille trat er häufiger auf und begeisterte die Fans auch solo. Der von 1986 bis 1995 von ihm moderierten Professor Bop-Show im WDR folgten viele weitere Stationen in Rundfunk und Fernsehen. Im Jahr 2011 wurde Alsmann zum Honorarprofessor für die Geschichte der Popularmusik an der Musikhochschule der Westfälischen Wilhelms-Universität ernannt.

Futuristische Aufbauten dienten im Februar 1985 als Hintergrund für Fernsehaufnahmen des Westdeutschen Rundfunks am Aasee: Sie passten zu den Science-Fiction-Themen des Sängers Peter Schilling, der zu den erfolgreichsten Musikern der Neuen Deutschen Welle in den 1980er Jahren gehörte. Am bekanntesten war sein Song Major Tom, der 1983 wochenlang in vielen Ländern Europas die Hitliste anführte und die meistverkaufte Single des Jahres war. Vielen ist der Refrain noch vertraut: „Völlig losgelöst von der Erde, schwebt das Raumschiff völlig schwerelos."

Das Odeon gehörte zu den legendären Lokalitäten in Münster. Es bot eine Mischung von Kneipe, Konzerthalle und Diskothek, die ihresgleichen suchte. Das Foto zeigt den hinteren Saal mit Theke, Mischpult für den Diskjockey und Ausmalung in den frühen 1980er Jahren. Es war wiederum Jürgen Köhn, der als Inhaber den Ruf dieses Lokals begründete. Schon 1982 wechselte es in die Hände von Christine Rosenthal, Klaus Giesenkirchen, Detlef Fassel und Veronika Fischer.

1987 eröffnete Steffi Stephan seine Jovel Music Hall an der Grevener Straße, die zu einer der wichtigsten Konzertadressen in Münster wurde. Wenn dort keine Konzerte stattfanden, diente die Lokalität als Diskothek.

Sicherlich ungewöhnlich war für einige Liebhaber moderner Skulptur die Begleitmusik, die zur Eröffnung der Ausstellung Skulptur 87 am 14. Juni 1987 im münsterischen Schlossgarten geboten wurde. Die Kultband Einstürzende Neubauten war sicherlich nicht jedermanns Sache. Blixa Bargeld (rechts) und seine Band gehörten musikalisch damals wohl zum Avantgardistischsten, was man in Deutschland an junger Musik finden konnte. Neben Instrumenten wie Gitarren dienten auch Einkaufswagen und Stahlträger als Klangerzeuger.

Rund tausend Zuhörer hatten sich für den Auftritt der Band Einstürzende Neubauten im Schlossgarten eingefunden. Das Foto zeigt die weitgehend jungen Fans, aber auch einen älteren Herrn im Anzug, der offenbar noch nicht recht weiß, was er von diesem Spektakel halten soll.

Wenige Jahre nach der Kneipe „der bunte Vogel" eröffneten 1982 wiederum Jürgen Köhn und Erhard „Ecki" Nieweg in nur geringer Entfernung in der Aegidiistraße die zweite münsterische Kultkneipe: Rick's Café. Die Einrichtung aus Marmor, Holz und Glas unterschied sich deutlich von der üblicher Kneipen. Plakate und Coke-Automat gaben ihr einen amerikanischen Touch, worauf auch der Name anspielte.

Gedenken und Erinnern

Das im Gemeindesaal der Synagoge aufgenommene Foto entstand am
23. Mai 1978. Mitglieder der jüdischen Gemeinde und der Gesellschaft
für Christlich-Jüdische Zusammenarbeit hatten sich versammelt, um gemeinsam der Gründung des Staats Israel vor dreißig Jahren zu gedenken.

Nachdem der im Zweiten Weltkrieg weitgehend zerstörte Zwinger Ende der 1950er Jahre teilweise wiederaufgebaut worden war, begann eine kontroverse Diskussion über die zukünftige Nutzung des Bauwerks. Bereits 1962 gab es von städtischer Seite Überlegungen, den Zwinger zu einem Mahnmal für die Opfer des Nationalsozialismus zu machen, was aber erst 1997 Realität wurde. Die Initiative 8. Mai brachte am 40. Jahrestag des Endes des Zweiten Weltkriegs eine Tafel am Zwinger an, die der „Opfer des Hitlerfaschismus" gedachte. Das Foto zeigt die Enthüllung der zweiten Tafel der Initiative am 16. Oktober 1985. Die erste war zuvor mit Farbe übertüncht und später gestohlen worden.

„Diese Ausstellung ist eine Ausstellung gegen das Vergessen", erklärte der Intendant der Düsseldorfer Symphoniker Dr. Peter Girth (2. von rechts) anlässlich der Eröffnung der Ausstellung „Entartete Musik" im April 1988 in Münster. Die Ausstellung rekonstruierte und kommentierte eine Ausstellung der Nationalsozialisten 1938 im Düsseldorfer Kunstpalast, um „das Unrecht an der Musik und den Musikern" während der nationalsozialistischen Herrschaft bewusst zu machen. Die münsterische Musikhochschule hatte sich sehr für die Übernahme dieser Ausstellung eingesetzt und war nach Düsseldorf der zweite Ort ihrer Präsentation. Sie wird bis heute in überarbeiteten Versionen – auch in Englisch und Spanisch – weltweit gezeigt.

1988 wurde in Münster zum vorletzten Mal offiziell des Volksaufstands in der DDR am 17. Juni 1953 gedacht. Es war der erste und bis zur friedlichen Revolution des Jahres 1989 einzige Aufstand gegen den DDR-Staat. Vom Kuratorium Unteilbares Deutschland wurde ein Kranz am Mahnmal am Servatii-platz niedergelegt, und als Vorsitzende der FDP-Ratsfraktion hielt Carola Möllemann-Appelhoff eine Ansprache. Sie rief dazu auf, die grundgesetzliche Forderung nach Selbstbestimmung und Einheit und Freiheit Deutschlands weiterzuverfolgen und sprach sich für die Fortführung der Entspannungspolitik aus. Keiner der Teilnehmenden hätte damals wohl für möglich gehalten, dass Deutschland am 3. Oktober 1990 bereits wiedervereinigt war.

Stadtbild im Wandel

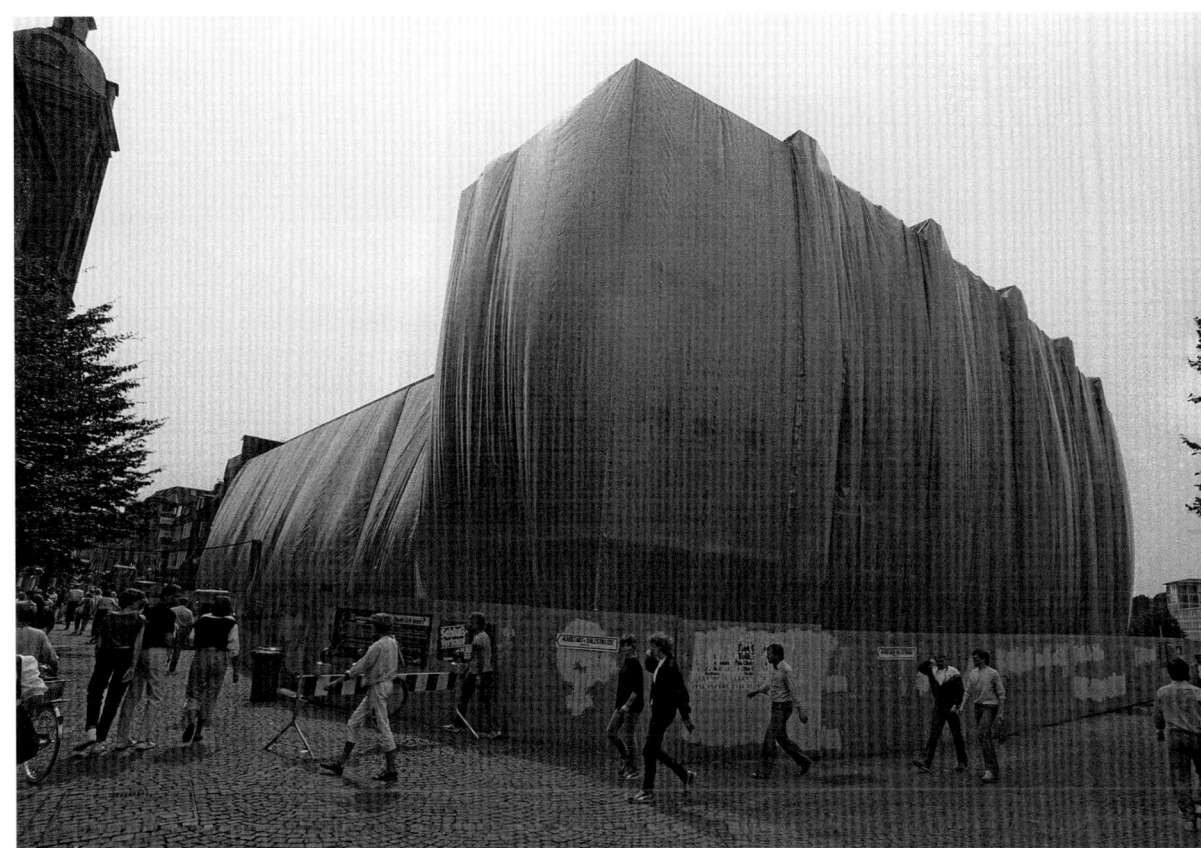

Was auf den ersten Blick wie eine Verhüllungsaktion des Künstlers Christo erscheinen mag, war tatsächlich das für den Abriss vorbereitete Karstadt-Gebäude an der Salzstraße im Sommer 1984. Das ganze Gebäude war unter riesigen Planen verschwunden. Kurz darauf begann der Abriss des Gebäudes, das gerade einmal 25 Jahre bestanden hatte.

Nur wenige Wochen nach dieser Aufnahme vom 10. Januar 1978 parkten hier im Aegidiiparkhaus die ersten Autos: Eine der bis dahin größten Baumaßnahmen in der Stadt nach dem Zweiten Weltkrieg hatte damit die erste Hürde genommen, allerdings – wie sich bald herausstellte – mit erheblichen Folgen. Das Parkhaus reichte zehn Geschosse tief in die Erde, was ein ständiges Abpumpen von Wasser erforderte. In der Folge sank in der Altstadt der Grundwasserspiegel zeitweilig stark ab, was große Schäden an Kirchen und anderen historischen Gebäuden verursachte. Der daraufhin entbrannte Rechtsstreit zwischen Geschädigten und Bauherrn endete nach 17 Jahren mit einem Vergleich.

An manchen Stellen in der Innenstadt blieben Zerstörung und Wiederaufbau nach dem Zweiten Weltkrieg lange nebeneinander bestehen. Besonders deutlich wurde das auf der Rückseite des Karstadt-Kaufhauses. Ein Parkplatz und eine in einem Behelfsbau untergebrachte Reinigung bildeten an der Klemensstraße die Kulisse für die barocke Clemenskirche. Als sich die Anzeichen für Abriss und Neubau des Karstadt-Kaufhauses verdichteten, begannen bereits im März 1978 die Kanalisationsarbeiten, die wegen der Verlegung der Klemensstraße im Zuge des Kaufhausneubaus erforderlich waren. Ein erster Schritt zur Beseitigung dieses städtischen Hinterhofes war getan.

Nicht mehr viele Münsteraner wüssten, wo dieses aus der Gründerzeit des 19. Jahrhunderts stammende Gebäude früher gestanden hat. Zum Glück wurde das Foto im Februar 1978 mit der Angabe Warendorfer Straße in der Zeitung veröffentlicht. Das Wohnhaus mit der Hausnummer 21 wurde in den frühen 1960er Jahren vom Landschaftsverband Westfalen-Lippe erworben. Nach dem Abriss lag das Grundstück längere Zeit brach. Erst 1995 wurde der Neubau des Büro- und Geschäftshauses von den münsterischen Architekten Julia Bolles-Wilson und Peter Wilson fertiggestellt.

Kaum ein münsterischer Stadtteil hat sich seit den 1960er Jahren so grundlegend verändert wie Gievenbeck. Neben Wohnbebauung entstanden hier vor allem Gebäude der im Bereich der Naturwissenschaften stark expandierenden Universität. Der Kreuzungsbereich am Coesfelder Kreuz erhielt durch die Großbauten der Mensa und des Parkhauses ein völlig neues Gesicht. Auch die Zufahrtswege mussten gänzlich neu errichtet werden. Dazu gehörte im April 1978 die damals sogenannte Mensastraße – heute Domagkstraße –, die mit ihrer Unterführung unter der Von-Esmarch-Straße die Erschließung der nördlich gelegenen Gebäude ermöglichen sollte.

Die Baugeschichte von Horten war auch eine von mehreren Abrissen. Nachdem die am Anfang des 20. Jahrhunderts errichtete Stadtkasse dem ersten Gebäude des Kaufhauskonzerns in Münster weichen musste, folgten Ende der 1970er Jahre die nächsten Abrisse, um das Kaufhaus in Richtung Stubengasse zu vergrößern. Im April traf es die Gaststätte Zum Stadthaus, bald danach stimmte wohl endlich auch der gebotene Preis für den Ankauf des Traditionsgasthauses Schürmann direkt daneben. Nach seinem Abriss stand der Erweiterung – auch seitens der Stadt – nichts mehr im Wege. Der Entwurf stammte von dem Düsseldorfer Architekturbüro HPP (Hentrich–Petschnigg & Partner). Ob, wie die Architekten meinten, die Gestaltung tatsächlich den Kontakt zum historisch geprägten Baustil der münsterischen Innenstadt suchte, erscheint aus heutiger Sicht zumindest fraglich.

Am Ende der 1970er Jahre änderte sich die münsterische Museumslandschaft nachhaltig: 1979 wurde das Stadtmuseum gegründet und mit dem Bau der Domkammer begonnen. Das an den Kreuzgang anschließende Gebäude am Horsteberg war zum Zeitpunkt der Aufnahme im Januar 1980 bereits in seiner Größendimension erkennbar. Der Entwurf stammt von dem münsterischen Diözesanbaudirektor Bernhard Dirksmeier. Die feierliche Eröffnung der Domkammer, in der 1.200 Jahre Kunst und Kultur der münsterischen Bischofskirche veranschaulicht werden, fand durch Bischof Dr. Reinhard Lettmann am 11. Oktober 1981 statt.

Nach mehr als elfjähriger Bauzeit und Kosten von über einer Milliarde DM wurde im Juni 1982 schließlich das Großklinikum Münster fertiggestellt. 1.131 Betten standen nun in einer der modernsten Kliniken Europas bereit. Doch nicht alle waren so richtig glücklich mit dem neuen Klinikum. Die Kosten waren aus dem Ruder gelaufen, und die Bauten gehörten bei Fertigstellung bereits einem untergegangenen Architekturideal an. Rund 25 Jahre später dachte man bereits über einen Neubau nach. In medizinischer Hinsicht hat sich das Gebäude hingegen bewährt.

Bei Maklern ist das Kreuzviertel heute ein Synonym für teuer. Anfang der 1980er Jahre befand sich das Stadtviertel mitten im Umbruch. In vielen Altbauwohnungen befanden sich studentische Wohngemeinschaften. Zu Amt und Würden gekommen, machten sich diese Bewohner häufig daran, die Wohnungen zu erwerben und stilgerecht zu sanieren. Das Viertel änderte allmählich seinen Charakter. Die im Bild im Jahr 1982 zu sehende Autoreparaturwerkstatt — ursprünglich eine Schmiede — an der Uppenbergstraße wurde aufgegeben und in attraktiven Wohnraum umgestaltet.

Für viele münsterische Behörden, Versicherungen und Banken waren die meist nach dem Zweiten Weltkrieg errichteten Räumlichkeiten im Laufe der Jahre zu klein geworden. So erging es auch der Volksbank Münster mit ihrem Hauptsitz in der Neubrückenstraße. Der Ankauf eines großen Geländes in der Voßgasse ermöglichte dann einen großflächigen Neubau, der im April 1983 nach den Entwürfen des Architekten Michael Knoche fertiggestellt wurde. Zeitgleich erfolgte der auf dem Foto zu sehende Abriss des alten Gebäudeteils an der Neubrückenstraße.

Seit den 1970er Jahren herrschte ein regelrechter Bauboom bei Verwaltungs- und Dienstleistungs-
gebäuden an der Peripherie. So entstand im Südwesten der Stadt an der Mecklenbecker Straße am Ufer
des Aasees eine ganz neue Silhouette mit Neubauten: Den Anfang machten die ersten Gebäude für
das Handwerkskammer Bildungszentrum (HBZ) und das Bildungszentrum des Westfälischen Genossen-
schaftsverbands, heute Rheinisch-Westfälische Genossenschaftsakademie. Das Foto zeigt im Herbst
1982 das neue Verwaltungsgebäude für den Genossenschaftsverband, das in einem rechten Winkel an
das bestehende Gebäude angefügt wurde.

Als das Land Nordrhein-Westfalen Mitte der 1970er Jahre Bürgerhäuser in einem Modellprogramm förderte, griff die Stadt Münster schnell zu und sicherte sich rund die Hälfte der Gesamtkosten für das Bürgerhaus in Kinderhaus. Das im Oktober 1983 eröffnete Gebäude ist zugleich Teil des Kinderhauser Hauptzentrums am Idenbrockweg und heute der kulturelle und soziale Mittelpunkt dieses Stadtteils. Unter seinem Dach sind Kultur- und Begegnungszentrum, Stadtbücherei, Musikschule, Jugendzentrum, Hallenbad und anderes mehr vereint. Am Eröffnungstag lief das Schwimmbad fast über: Ausnahmsweise war der Eintritt frei.

Im September 1985 war der Neubau des Landgerichts Münster bereits weit fortge-schritten, und der Richtkranz schwebte in luftiger Höhe. Das von dem bekannten Architekten Harald Deilmann entworfene Gebäude entfachte zwar nicht bei allen euphorische Zustimmung, doch die späteren Nutzer — wie etwa Richter, Staatsanwälte und Rechtsanwälte — waren voll des Lobes über das Innere ihres neuen Domizils.

Der Grundstein für das Billig-Kaufhaus Bilka in der Salzstraße war 1961 gelegt worden. Die zum Kaufhaus-konzern Hertie gehörende Kette arbeitete indes bereits seit den 1970er Jahren nicht mehr profitabel. Im Mai 1983 kamen die ersten Gerüchte über eine Schließung der münsterischen Filiale auf. Im Herbst wurde bekannt, dass Kaufhaus und Mitarbeiter von dem Textilhandelsunternehmen Leffers übernommen würden. Nach fünfmonatigem Umbau eröffnete Leffers – heute Sinn-Leffers – Ende August 1984 seine Pforten.

Nach nahezu zwei Jahrzehnten Diskussion und Planung war es im August 1986 fast so weit: Nur noch wenige Tage blieben, bis der Neubau des Karstadtkaufhauses in Münster nach über zweijähriger Bauzeit bezogen werden konnte. Besonders umstritten war die Überbauung und Verlegung der Klemensstraße gewesen. Insgesamt stehen in dem rund 75 Millionen DM teuren Gebäude 16.000 Quadratmeter Verkaufsfläche zur Verfügung.

Im Jahr 1984 stellte die Germania Brauerei ihre Produktion in Münster ein. Das Gelände diente bis Ende 1986 nur noch dem Vertrieb. Danach wurde das alte Gebäudeensemble unter Denkmalschutz gestellt und von einem Investor erworben. Bereits 1987 wurde auf dem Gelände das Jovel als Musikhalle und Diskothek eröffnet, während das Erlebnisbad erst 1991 fertiggestellt wurde. Auf Dauer erwies sich die Germania Therme aber als unwirtschaftlich. Seit 2006 entstand mit dem Germania Campus des münsterischen Architekten und Investors Andreas Deilmann hier ein neues Lifestyle-Viertel.

Auf dem großen Trümmergrundstück, das jahrzehntelang als Parkplatz genutzt worden war, begannen 1984 die Bauarbeiten für das unterirdische Parkhaus Theater am Tibusplatz. Doch nach wenigen Monaten musste die Bautätigkeit wegen eines massiven Grundwassereinbruchs unterbrochen werden. Erst aufwändige Zementinjektionen lösten das Problem. Ende August 1986 wurde zwar noch überall gearbeitet, doch der Eröffnung des Parkhauses mit 800 Stellplätzen wenige Wochen später stand nichts mehr im Weg. Auch die oberirdische Bebauung verzögerte sich: Erst 1990 wurde der Grundstein für ein Seniorenstift gelegt.

Im Mai 1987 war der Abbruch des 1910/1911 errichteten Kaufhauses an der Salzstraße weit fortge-
schritten. Nach längeren Diskussionen mit den Denkmalschützern war schließlich der Kompromiss ge-
funden worden, die Fassade stehenzulassen und dahinter ein vollständig neues Bauwerk zu errichten.
In den neuen Salzhof zogen unter dem Motto „Kunst und Kommerz" das Stadtmuseum Münster sowie
Gastronomie und Geschäfte ein. Nach 17-monatiger Bauzeit eröffnete der kommerzielle Bereich im
September 1988 seine Pforten. Das Museum folgte ein Jahr später.

Nur wenige Menschen wüssten auf Anhieb, welche Baustelle hier gerade besichtigt wird, denn nur wenige haben heutzutage hier Zutritt. Es handelt sich um die Bibliothek im Obergeschoss des neuerbauten Stadtmuseums. Der planende Architekt Rainer Maria Kresing (rechts von der Steinpalette) führte Fachpublikum im April 1988 durch den Rohbau und erläuterte dabei die dem Bau zugrundeliegenden Ideen.

Bereits seit den 1960er Jahren gab es Ideen für einen Park im Westen des heutigen Zentrums Nord. Doch aus Kostengründen kam es erst 1984 zu einer konkreten Planung für einen Bürgerpark mit großer Naturnähe und ökologischer Vielfalt. Die Landesförderung war an die Bedingung geknüpft, die Maßnahme innerhalb von drei Jahren abzuschließen. Zwar blieben noch einige Restarbeiten, doch tatsächlich konnte der Bürgerpark schon 1987 von der Bevölkerung genutzt werden. Der Park gliedert sich im Wesentlichen in drei Teile: einen wechselfeuchten Auenbereich, naturnahe Grünflächen und Kinderspielplätze.

Im Juni 1988 feierte der Landwirtschaftliche Versicherungsverein Münster (LVM) ein Richtfest. Der Rundbau an der Ecke von Weseler Straße und Kolde-Ring war im Rohbau fertiggestellt. Seit der Errichtung des ersten Gebäudes am Kolde-Ring in der Mitte der 1960er Jahre hat sich dort fast eine LVM-City entwickelt. Heute gehört das Unternehmen zu den großen Versicherern in Deutschland, bei den KFZ-Versicherungen sogar zu den Top Five, mit über 3.000 Beschäftigten allein am Standort Münster.

Im Juni 1988 hieß es in der Zeitung: „Das Martinizentrum ist fertiggestellt". Nach langen Planungen und einigen Änderungen wurde das in mehreren Abschnitten realisierte Projekt 1982 mit dem Bau der Tiefgarage begonnen. Ein Jahr später folgten 35 Seniorenwohnungen an der Stiftsherrenstraße, Pfarrheim und Pfarrhaus waren 1986 vollendet, kurz darauf das Bürogebäude an der Neubrückenstraße sowie mehrere Dienstwohnungen. Der Architekt Michael Knoche griff ganz im Sinn der damals aktuellen architektonischen Stilrichtung der Postmoderne bewusst auf historische Bauformen zurück.

Der CDU-Arbeitskreis Sport war auch in der Sommerpause unterwegs. Auf dem Programm stand Mitte August 1988 die Besichtigung des Baufortschritts der Sporthalle Berg Fidel. Was auf dem Foto eher als Open-Air-Tribüne erscheint, sind die aus Fertigteilen montierten Sitzreihen, die bis Ende des Jahres überdacht werden sollten. Heute ist Sport in Münster ohne die Halle Berg Fidel kaum noch vorstellbar.

Im September 1988 zogen die Autos aus dem Kiffe-Pavillon am Alten Steinweg aus und die Handwerker ein. Denn bereits rund zwei Monate später sollte hier die 45. Filiale der Spielwarenkette Richter in Deutschland eröffnet werden. Im Rahmen des Umbaus wurde allerdings eine die Transparenz des Gebäudes störende Zwischendecke eingezogen. Doch die rasche Expansion des Unternehmens und die Entwicklung des Spielzeugmarkts erwiesen sich als tückisch: Bereits im Oktober 1990 musste Richter Konkurs anmelden. In den Kiffe-Pavillon zog dann Karstadt-Sport ein.

Mit dem Umbau kehrte auch der alte Name zurück. Im September 1989 wurde aus der Schauburg der Kinopalast Stadt New York nach dem gleichnamigen Hotel, das sich Anfang des 20. Jahrhunderts an der Ecke von Salzstraße und Winkelstraße befunden hatte. Vor der Eröffnung wurde überall noch letzte Hand angelegt, um Gastronomie, Foyer und die vier Kinosäle mit über 800 Sitzplätzen in neuem Glanz erstrahlen zu lassen. Nach der Schließung von Residenz-, Apollo- und Rolandtheater sowie dem Fürstenhof war das Kino Stadt New York das einzige alteingesessene innerstädtische Kino Münsters. Die letzte Vorstellung fand hier im August 2007 statt. Danach wurde das Kino zu einem Wohn- und Geschäftshaus umgebaut.

Architektonisch ist das Gebäude am Berliner Platz nur als Katastrophe zu bezeichnen. Doch mit der Übernahme durch Heiner Pier, den damaligen Inhaber des münsterischen Programmkinos Cinema, zog im November 1989 ein anspruchsvoller Spielplan ein. Für viel Geld wurden zwei Kinosäle mit modernster Technik und einer zeitgemäßen Eingangs-lounge eingerichtet. Doch schließlich fehlte dem ambitionierten Kino die Kundschaft: Es schloss im Jahr 2004 seine Pforten. Zur Zeit gibt es für das Grundstück ganz neue Ideen: Im Gespräch ist ein Hochhaus mit Studentenappartements.

Altes und Neues

Es soll einige Besucher des Stadthauses I gegeben haben, die nur wegen des Aufzugs kamen, handelte es sich doch um den einzigen öffentlich zugänglichen Paternoster in Münster. Der Name geht auf den katholischen Rosenkranz zurück, der früher auch die Bezeichnung Paternosterschnur trug. Bei dieser Zählkette für Gebete nennt man die elfte Kugel Paternoster entsprechend dem zugehörigen Gebet. Bei dem gleichnamigen Aufzug sind die Kabinen – an zwei Ketten hängend befestigt – im ständigen Umlaufbetrieb. Der Volksmund kreierte noch weitere Bezeichnungen wie Beamtenbagger oder Verwaltungs-Riesenrad. Wegen Sicherheitsbedenken mussten Paternosteraufzüge bis 1994 aus öffentlichen Gebäuden ausgebaut werden. Der münsterische wurde 1989/1990 stillgelegt.

Am 7. März 1978 zog das Kabelfernsehen in münsterische Haushalte ein. Allerdings hatten zunächst erst siebzig Teilnehmer das Vergnügen, per Breitbandkabel immerhin sechs Fernsehprogramme und dreizehn Radiosender in bester Qualität zu empfangen. Die Post, die seinerzeit für diese neue Technik verantwortlich war, hatte schon damals die Verkabelung der ganzen Stadt vorgesehen, wohlwissend, dass dies ein weiter Weg war. Denn die Entfernung des längsten zu verlegenden Hauptkabels betrug vierzehn Kilometer. In Münster begann an diesem Tag der Eintritt in ein neues Fernseh- und Radiozeitalter, das bis heute in einem Wandel durch stetige technische Neuerungen begriffen ist.

Bereits zum dritten Mal wurde im Mai 1980 die große Parkettfläche der Halle Münsterland als ideale Laufbahn für Rollschuh- und Skateboardfahrer genutzt. Damals waren moderne Rollschuhe gerade sehr in Mode. Skateboards hingegen waren noch etwas für Insider. Zum Glück gab es in Münster Titus Dittmann, der diese Sportart in Deutschland als einer der ersten populär machte. Er zeigte mit seinem Team auf der Veranstaltung erstmals Vorführungen an einer Halfpipe von bisher in Münster noch nicht gesehenen Ausmaßen.

Kaum zu glauben, aber wahr. Noch im Jahr 1983 wurden im Frühjahr die abgeschnittenen kleinen Äste und Zweige der Bäume auf Münsters Straßen und Anlagen mit einem Reisigbesen zusammengekehrt. Und damit nicht genug: Der Reisigbesen wurde sogar vom damaligen Grünflächenamt der Stadt selbst hergestellt. Größer könnte der Kontrast zwischen moderner Ausstattung mit Spezialfahrzeug und archaischem Arbeitsgerät nicht sein.

Am Anfang der 1980er Jahre begann der Siegeszug der Personal-Computer in Deutschland: Zunächst standen mit den Firmen Atari und Commodore Marken im Vordergrund, die vor allem den Markt der Computerspiele im Auge hatten und damals für viele Jüngere ganz oben auf dem Wunschzettel standen. Sie boten erstmals die Möglichkeit, – aus heutiger Sicht äußerst einfache – damals sehr populäre Computerspiele zu Hause zu nutzen. Vielen ist bis heute das Tischtennis-spiel Pong in Erinnerung. Der Siegeszug des Heimcomputers war nicht mehr aufzuhalten: Binnen weniger Jahre eroberte er die bundesdeutschen Arbeitszimmer.

Bis heute schrecken einige Menschen in der Bundesrepublik vor Geldautomaten zurück. Doch als in den Jahren 1982/1983 die Geldautomaten auch in Münster eine immer weitere Verbreitung fanden, gewöhnte sich ein immer größerer Teil der Kundschaft an ihre Nutzung. Heute wäre eine Bargeldabhebung kaum noch ohne Automaten denkbar. Ein Großteil des einfachen Schaltergeschäfts wurde bereits im Verlauf der 1980er Jahre an die elektronischen Selbstbedienungsterminals abgegeben.

Zwar gab es in den meisten münsterischen Wohnungen in den 1980er Jahren bereits eine Zentralheizung, doch in nicht wenigen Altbauten wurden die Räume noch mit Kohleöfen beheizt. War der Ofen in kalten Winternächten ausgegangen, hatten sich mitunter am nächsten Morgen Eisblumen an den Fensterscheiben gebildet. Es war also wichtig, im Herbst größere Mengen an Kohlevorräten einzulagern. Die auf der Straße abgeladene Kohle wurde dann mit einer Schaufel durch eine Öffnung in den Keller befördert. Im Jahr 1982 war das allerdings ein nur noch selten anzutreffendes Bild.

Den Weg alles Irdischen mussten auch diese münsterischen Mülltonnen einmal gehen. Jahrzehntelang hatten sie als Müllsammelbehälter gedient, bis sie durch neue Tonnen aus Kunststoff ersetzt wurden. Immerhin aber wurden die alten Metalltonnen im Januar 1983 durch die Schrottverwertung noch einer sinnvollen Wiederverwendung zugeführt.

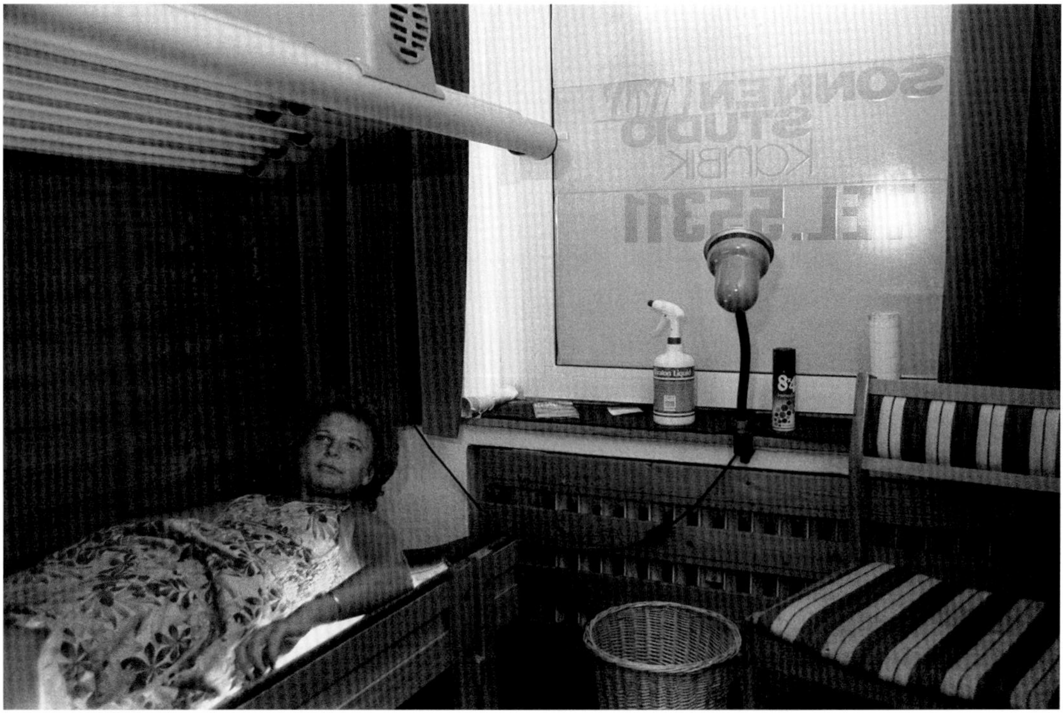

Zu Zeiten der Deutschen Bundespost gab es nur die Inlands- und die Auslandsauskunft. In Münster bestanden 1983 im Gebäude an der Oststraße sechzig Auskunftsplätze, von denen aus rund um die Uhr
täglich etwa 17.500 Auskünfte erteilt wurden. Die Angaben zu den Telefonanschlüssen – hier hatte
die Post ein Monopol – standen auf Mikrofilmkarten, die auf einem Bildschirm vergrößert lesbar waren.
Jede Auskunft musste von Hand gesucht werden. Die einzige andere Möglichkeit, Telefonnummern zu
suchen, gab es damals in Postämtern mit allen Telefonbüchern der Republik.

Natürlich legte sich niemand vollständig bekleidet in ein Solarium, wollte man doch
schließlich braun werden. Dieses Foto entstand lediglich zu Demonstrationszwecken,
wohl um für das Sonnenstudio Karibik – zuvor Sonnenstudio Klasing – in der Salzstraße
zu werben. Im Vergleich zu heutigen Einrichtungen solcher Bräunungsstudios wirkt
das Interieur ein wenig rustikal. Aber im Jahr 1983 wurden diese Studios auch meist
noch von einzelnen Selbständigen betrieben. Über die Strahlung von Solarien und die
dadurch verursachten Hautschäden machte sich damals kaum einer Gedanken.

Noch heute gehören diese Fahrräder nicht zum alltäglichen Erscheinungsbild. Im Herbst 1983 trauten aber sicherlich viele ihren Augen nicht, als sie diese Liegeräder auf hiesigen Radwegen und Straßen sahen. Zwei junge Münsteraner hatten sich diese Räder selbst gebaut und durchaus große Pläne mit ihren Eigenkonstruktionen verfolgt. Doch trotz vieler Vorteile konnten sich bis heute Liegeräder nur einen minimalen Marktanteil erobern. Man schätzt, dass in der Bundesrepublik etwa fünfzig Millionen herkömmlichen Fahrrädern nur rund 30.000 Liegeräder gegenüberstehen. Einer der beiden Konstrukteure gilt heute als einer der führenden Hersteller von Gepäckträgersystemen für Fahrräder und betreibt seinen internationalen Handel mit Firmensitz in Münster.

Im Herbst 1984 stand auch diese Darbietung auf dem Programm der Verbrauchermesse MS '84 in der Halle Münsterland. Die Körperhaltung der Damen war im Moment der Aufnahme noch etwas uneinheitlich, doch die Vorführung lag voll im Trend der Zeit. Rund zweieinhalb Jahre zuvor hatte Jane Fonda in Amerika einen Aerobic-Boom ausgelöst, der auch nach Deutschland überschwappte. Frauen strömten in Fitness-Studios, um sich in Leggings und Body und weiterer entsprechender Aufmachung in Form zu halten. Wie bei den meisten anderen Popularitätsstürmen dieser Art war der Zenit bald überschritten und wich einer Ernüchterung, als auch auf mögliche Gefahren dieses Trainings hingewiesen wurde.

In den frühen 1980er Jahren kaufte Titus Dittmann in Enschede einen Skaterpark und baute ihn in Münster am Stadtbad Ost auf. Nach und nach erweitert, fanden hier 1982 die ersten „Münster Monster Masterships" als weltweit größter Skateboardwettbewerb statt. Das Mitte März 1984 aufgenommene Foto zeigt einige der damals bekannten Vertreter der Skater-Szene: Links steht Martin van Doren aus Essen, daneben mit dem Titus T-Shirt Ralf Middendorf aus Münster, in der Halfpipe ist Stefan Rose aus Köln/Bonn zu sehen.

Nach einer einjährigen Vorlaufphase wurde im Juli 1986 der Technologiehof in Münster-Roxel eröffnet. Er war als Instrument der kommunalen Wirtschaftsförderung gedacht und sollte zu günstigen Konditionen die Ansiedlung innovativer Firmen fördern, die am Beginn ihrer unternehmerischen Tätigkeit standen. Aus kleinen Anfängen hat sich mit dieser Idee eine wichtige Einrichtung für die Förderung und Ansiedlung zukunftsweisender Unternehmen an der Schnittstelle zwischen Wissenschaft und Wirtschaft in Münster entwickelt. Heute befindet sich der Technologiehof in drei Gebäuden mit rund 10.000 Quadratmetern Nutzfläche an der Mendelstraße in Gievenbeck.

Das Foto aus dem Jahr 1986 war zwar gestellt, hält aber dennoch anschaulich die Situation bei Grabungen der Bodendenkmalpflege fest. Zumeist herrscht großer Zeitdruck, und der Bagger befindet sich quasi stets in bedrohlicher Stellung über der Grabung. Nicht viel anders sah es bei den Maßnahmen in Münster-Gittrup aus, doch die Funde begeisterten schließlich auch den Eigentümer des Geländes. Immerhin konnten Spuren früher sächsischer Siedlungen freigelegt werden, die auch die Geschichte seiner Vorfahren widerspiegelten.

Die Idee des Solarautos ist bereits mehrere Jahrzehnte alt. Doch als Bundesbildungsminister Jürgen W. Möllemann im Juli 1987 mit einem solchen Gefährt über Münsters Prinzipalmarkt fuhr, erregte er einiges Aufsehen. Hinter dieser Aktion standen die ersten bundesweiten Versuche für den Einsatz von Fahrzeugen mit Solarantrieb. Dieses Auto war im Saarland entwickelt und gebaut worden.

Wenn die Tage nur kurz sind, verbringen viele Grundschulkinder immer mehr Zeit nachmittags vor dem Fernseher. Darauf reagierte die Elternschaft der Martinischule mit einem engagierten Freizeitprogramm. Sie organisierte 1988 in Absprache mit der Schulleitung ein Kursangebot, das von Töpfern, Holz- und Metallverarbeitung bis zu Schach und Computer für Viertklässler reichte. Es stieß auf großen Zuspruch, und so meinte einer der Schüler ganz naseweis: „Für diesen Unterricht komme ich gerne in die Schule".

Am 28. Mai 1988 war es schließlich so weit: Zum letzten Mal hielt ein Zug auf dem Bahnhof Handorf, und der letzte offizielle Fahrgast verabschiedete sich mit einem großen Transparent. Auch der ehemalige Bahnhofsvorsteher Heinz Südmersen war noch einmal an seinen alten Arbeitsplatz zurückgekehrt. Der Personenverkehr an dem Haltepunkt hatte sich stetig verringert, so dass nach 101 Jahren die Geschichte des Handorfer Bahnhofs beendet war.

Eine Erfolgsgeschichte aus Münster: Andreas Gerdes und René Obermann gründeten 1986 an der Ostmarkstraße das Unternehmen ABC Rufsysteme, das im expandierenden Telefonmarkt eine wichtige Rolle in Deutschland spielte. Das Foto zeigt Gerdes vor der im Mai 1988 eröffneten Zweigstelle an der Warendorfer Straße. Wenige Jahre später, nachdem ihr Unternehmen den Status eines Mobilfunkproviders erlangt hatte, fusionierten sie mit dem Hongkonger Mischkonzern Hutchinson zur Hutchison Mobilfunk GmbH. Mittlerweile wechselten Inhaber und Name des Unternehmens, das heute — immer noch in Münster ansässig — The Phone House Telecom heißt; René Obermann wurde 2006 Vorstandsvorsitzender der Deutschen Telekom.

Meterhoch türmten sich Anfang Januar 1989 die ausgedienten Kühlschränke auf dem Gelände des damaligen Stadtreinigungsamts an der Rösnerstraße. Und alle hatten damals noch die für die Atmosphäre schädlichen Fluorchlorkohlenwasserstoffe als Kältemittel. Der Maschinenbautechniker Jürgen Halupka aus Sendenhorst schloss damals einen Vertrag mit der Stadt: Er entsorgte Kühlmittel und Altöl der Kühlschränke zu einem günstigen Preis und führte es recycelt wieder der Industrie zu. Außerdem war noch vereinbart, dass ein Viertel der Kühlschränke repariert und weiterverwendet werden sollte.

Hoher Besuch und
stadtbekannte Persönlichkeiten

Ein gern und öfter gesehener Gast in Münster war die im Jahr 1900 ge-
borene „Her Majesty Queen Elizabeth The Queen Mother", im englischen
Volksmund schlicht Queen Mum genannt. Auch in hohem Alter besuchte
die Mutter der englischen Königin Elizabeth II. mit eiserner Disziplin
britische Militäreinrichtungen, so auch im März 1984 das Militärhospital
an der Von-Esmarch-Straße. Danach trug sie sich in das Goldene Buch
der Stadt Münter im Friedenssaal ein und besuchte – wie bereits im Jahr
zuvor – die Irish Guards in den Oxford-Barracks nahe Münster-Roxel. Die
wohl beliebteste Angehörige der britischen Royals verstarb im Jahr 2002.

Es war schon eine besondere Auszeich-
nung, dass Bundespräsident Walter Scheel
am 8. März 1979 in Münster das Bibelmu-
seum eröffnete. Noch schwerer wog, dass
der Bundespräsident zugleich den Kurato-
riumsvorsitz der Hermann Kunst-Stiftung
übernahm, die die Arbeit des 1959 von
Professor Dr. Kurt Aland gegründeten Insti-
tuts für Neutestamentliche Textforschung
in Münster unterstützt. Der auf eine Privat-
sammlung zurückgehende Bestand wurde
seitdem systematisch ausgebaut. Alands
Forschungen und Publikationen zum
griechischen Urtext des Neuen Testaments
hatten dem Universitätsinstitut Weltgel-
tung verschafft. Für den hohen Gast nahm
Professor Aland auch eine Bibel aus der
Vitrine.

Einen herzlichen Empfang bereitete die Stadt Münster ihren Olympia-Teilnehmern am 17. August 1984. Die Big-Band des Kant-Gymnasiums spielte, und Freibier floss im Rathausinnenhof, als Bürgermeister Franz Reuter (3. von rechts) den zweifachen Goldmedaillengewinner Dr. Reiner Klimke (rechts), die Bronze-Ruderin Ellen Becker (2. von rechts), die Volleyballerin Sigrid Terstegge (3. von links) und Fünfkämpfer Achim Bellmann (2. von links) anlässlich ihrer Rückkehr aus Los Angeles begrüßte.

Im Oktober 1982 hat der Fotograf Matthias Ahlke eine Situation eingefangen, die vielen Besucherinnen und Besuchern des Sends noch in Erinnerung ist. Heinrich Dankelmann war ein Unikum und eine durchaus bekannte Erscheinung im münsterischen Stadtbild. Wenn Send war, ließ er damals kaum eine Gelegenheit aus, sich als „Dirigent" vor die große mechanische Orgel der Firma Ruth zu stellen. Er verstarb im Juli 2010.

Ohne Frage gehörte Edwin Moses zu den Ausnahmeathleten der 1970er und 1980er Jahre: Er prägte den 400-Meter-Hürdenlauf in dieser Zeit wie kein anderer. Von 1977 bis 1987 blieb er in dieser Disziplin ungeschlagen. Anfang Oktober 1984 kam dieser Superstar der Leichtathletik während einer Werbetour nach Münster und gab in einem Sportgeschäft auf dem Roggenmarkt für seinen Sportartikel-Ausrüster eine Autogrammstunde für die zahlreichen Fans. Gerührt war der US-Amerikaner, als ihn ein Mädchen unter Tränen darum bat, einen Turnschuh zu signieren.

Das Foto von der deutschen Rock-Legende Udo Lindenberg und dem münsterischen Oberbürgermeister Dr. Jörg Twenhöven aus der Mitte der 1980er Jahre spricht Bände: Die geschlossenen Lippen lassen auf weiteren Gesprächsbedarf schließen, wobei hier sicherlich ganz unterschiedliche Mentalitäten aufeinandertrafen. Hintergrund war die Auseinandersetzung um die Genehmigung für das Jovel von Steffi Stephan an der Grevener Straße in ehemaligen Räumlichkeiten der Germania Brauerei. Lindenberg setzte sich nachdrücklich für seinen Freund, den Bassisten des Panikorchesters, Steffi Stephan ein.

Zu einem westfälischen Abendessen hatte der nordrhein-westfälische Ministerpräsident Johannnes Rau im Herbst 1985 in den Mühlenhof geladen. Seine Gäste waren in Münster tagende Fernseh-experten aus Österreich, der Schweiz sowie vom ZDF und Politiker und gesellschaftliche Repräsen-tanten aus Münster und dem Münsterland. Rau gab seinen Gästen aus der Ferne eine kurzweilige Einführung in die Landeskunde. Hinterher ließ man sich das deftige Essen schmecken. Neben Rau sitzt der damalige Programmdirektor des ZDF Alois Schardt.

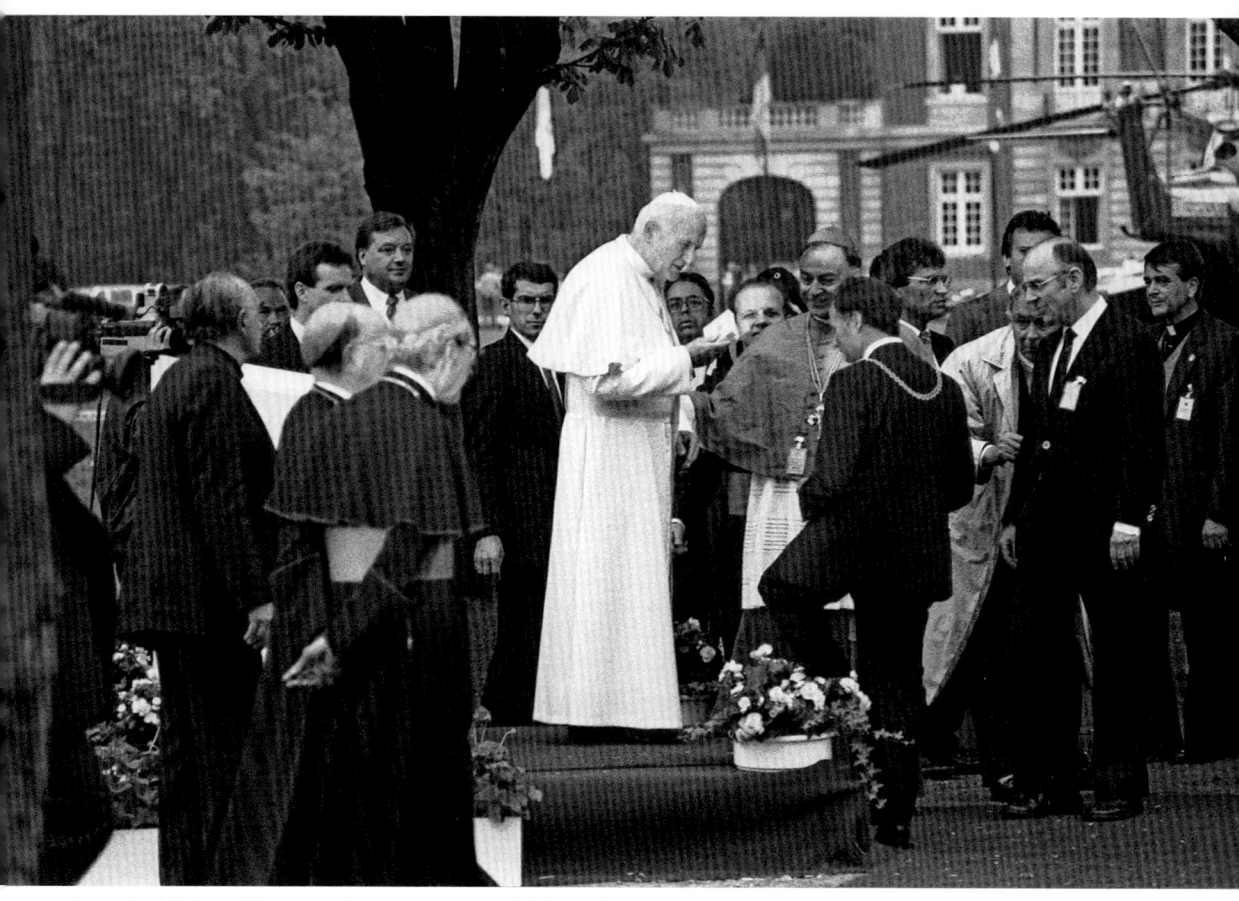

„Der Nachfolger des Petrus kommt zum Nachfolger des Ludgerus und zu euch allen hier im Bistum, um euch im Glauben zu stärken". Mit diesen Worten verband Johannes Paul II. Rom und Münster anlässlich des ersten Besuchs eines Papstes in der westfälischen Metropole am 1. Mai 1987 vor dem Schloss. Selbstverständlich begrüßten auch Oberbürgermeister Dr. Jörg Twenhöven und Oberstadtdirektor Dr. Hermann Fechtrup den Papst.

Nach dem ersten Teil des Vespergottesdienstes vor dem Schloss brach Papst Johannes Paul II. mit dem Papamobil in Begleitung des münsterischen Bischofs Dr. Reinhard Lettmann zum Domplatz auf. Dort feierte er den zweiten Teil der Messe, redete im Dom mit alten und kranken Menschen und betete am Grab des Kardinals von Galen. Der Papst verbrachte die Nacht im Priesterseminar und verließ Münster am nächsten Tag in Richtung Kevelaer. Angesichts des relativ geringen Andrangs der Gläubigen – nur etwa die Hälfte der erwarteten 200.000 Menschen waren gekommen – zeigten sich die Organisatoren ein wenig enttäuscht.

Zu seinem 40. Geburtstag am 9. Mai 1987 erschien in der Zeitung Westfälische Nachrichten ein langer Bericht über Steffi Stephan und seinen Werdegang als Mitglied von Udo Lindenbergs legendärem Panikorchester. Mit seinem Jugendfreund Lindenberg hatte er schon zuvor in einer Band gespielt, den Mustangs. Nicht ohne Stolz präsentierte Steffi Stephan auf diesem Foto in seinem damaligen Wohnsitz, einem Kotten bei Havixbeck, seine Goldenen Schallplatten. 1987 eröffnete auch die von ihm betriebene Jovel Music Hall in den neuen Räumlichkeiten der ehemaligen Germania Brauerei an der Grevener Straße.

Stadtgespräch

Am 31. März 1989 hatte das traditionsreiche Café Schucan auf dem Prinzipalmarkt seinen letzten Öffnungstag. Die Bevölkerung stand dieser Nachricht fassungslos gegenüber, hatte sich doch über Jahrzehnte in diesem Café kaum etwas geändert. Münster und Schucan gehörten irgendwie zusammen. Selbst die junge Generation traf sich hier gerne, gerade weil alles etwas altertümlich war. Am letzten Öffnungsabend versammelten sich viele münsterische Geschäftsleute und Stammgäste im Schucan. Dazu gehörte auch Wilhelm Walterscheid, der mit seiner Kamera die letzte Möglichkeit wahrnahm, das alte Ambiente festzuhalten. Wenige Monate später wurde das Café nach umfassendem Umbau und unter neuen Inhabern wiedereröffnet.

Wie so häufig war auch dieses Großfeuer am 17. Juni 1979 auf Brandstiftung zurückzuführen. Mehrere Lagerhallen einer münsterischen Baufirma am Dortmund-Ems-Kanal brannten lichterloh, so dass die Tankschifffahrt für mehrere Stunden untersagt war. Funkenflug führte sogar bei den Bohlen der nahen Eisenbahnbrücke zu kleineren Schwelbränden. Es war einer der größten Brände in Münster in jenen Jahren.

Im Jahr 1980 wurde die Königspassage in Münster nach 18-monatiger Bauzeit von dem münsterischen Architekten Harald Deilmann im Auftrag von Franz-Josef Görtz eröffnet. Zu den ersten und langjährigen Ankermietern zählte das renommierte Restaurant Knickelmann. Walter Knickelmann war zuvor Geschäftsführer in der Traditionsgaststätte Stuhlmacher und verwirklichte mit seinem Restaurant einen Lebenstraum. Sein Restaurant galt in Münster als eine der besten Adressen für gehobene kulinarische Ansprüche. Tagsüber lockte vor allem der täglich frische und selbstgebackene Kuchen von Gattin Karin Jung und Alt ins gemütliche Ambiente.

Als satirische Provokation und Sozialkritik war dieses im Dezember 1980 aufgenommene Foto gemeint. Ganz ähnlich sah auch das Titelblatt der Dezember-Ausgabe von Münsters City-Magazin aus, allerdings war dort nicht der münsterische Künstler Roxie Heart zu sehen. Die beiden Damen – im wirklichen Leben Studentinnen – hatten sich als Prostituierte zurechtgemacht und in Sicht-weite des Doms postiert. Die Redaktion wollte damit einen Beitrag zum nahenden Weihnachtsfest als dem Fest der Liebe leisten: „Dieses Fest sollte man wohl immer noch eher dem Handel widmen, denn die sogenannte Liebe wird meist für tausende von D-Marken gekauft."

Das aus dem ausgehenden englischen Mittelalter stammende Ehrenrecht „Freedom of the City" verlieh der münsterische Oberbürgermeister am 13. September 1982 der britischen Garnison in der Stadt, der damals größten der britischen Rheinarmee. Zum Ausdruck kommen sollte damit die Verbundenheit der Bevölkerung mit den britischen Streitkräften. Vor dem Schloss begann die Zeremonie mit eher ungewohnter Szenerie: Britische Einheiten zogen vor dem Portal an einem Podium mit dem Kommandierenden General der Rheinarmee Sir Michael Gow, Dr. Werner Pierchalla und Dr. Hermann Fechtrup vorbei.

Zugleich versuchten zumeist jugendliche Demonstranten, die Feier zu stören. Während der Festzug sich vom Schloss zum Rathaus bewegte, fand in der Innenstadt eine Gegendemonstration statt. Auf einer Kundgebung vor dem Stadthaus I äußerten Vertreter von GAL, Friedensinitiative und dem Nordirland-Komitee ihren Unmut über die Veranstaltung. Die damalige Ratsfrau der GAL Notburga Geier beschrieb die Militärparade als „so ziemlich das idiotischste Vergnügen, das sich das Spießerhirn ausdenken kann."

Noch glimpflich verlief dieser Unfall Ende November 1982 auf der Rückseite des Bahnhofs.
Man kann nur von Glück reden, dass der Baukran nicht in die entgegengesetzte Richtung
stürzte und keine Menschen zu Schaden kamen.

Auf den ersten Blick ein ganz normales Wohnhaus: Doch hinter der unscheinbaren Fassade verbarg sich
am Kerstingskamp 10 ein Bordell. Nach Beschwerden von Nachbarn schloss das städtische Ordnungs-
amt am 3. Dezember 1982 die Tore des Clubs. Den Einspruch einer der vier „Mieterinnen des Hauses"
lehnte das Verwaltungsgericht in einem Eilverfahren noch vor Weihnachten ab. Wegen der Nähe eines
Wohngebiets und der Unterbringung einer privaten Musikschule in demselben Gebäude sah das Gericht
wie zuvor auch die Stadt die „Störung der öffentlichen Sicherheit und Ordnung" als gegeben an.

„Auf Los geht's los" war eine sehr beliebte und von 1977 bis 1986 laufende Samstagabend-Spielshow der ARD, die an unterschiedlichen Orten stattfand. Im Mai 1984 war schließlich die Halle Münsterland Austragungsort der Show, in der es um ein Ratespiel jeweils lokaler Kandidaten ging. Höhepunkt aber waren die Prominenten, die bei jeder Sendung dabei waren. In Münster waren das Terence Hill, Raffaela Carrà, Rolf und seine Freunde sowie Cosa Rosa. Immer mit dabei war die zweizeilige Punktmatrix-Leuchtanzeige, die stets über den Kandidaten plaziert war.

Dieser Bahnsteig des münsterischen Hauptbahnhofs war am 27. April 1986 hoffnungslos überfüllt. Längst nicht alle Schaulustigen konnten den modernsten Zug der Bundesbahn, den Intercity Experimental — wie er damals noch hieß — bestaunen. Glückliche Losgewinner und geladene Gäste durften dann sogar an einer Sonderfahrt des Zugs nach Meppen und zurück teilnehmen, die der münsterische Bundestagsabgeordnete der CDU Dr. Friedrich-Adolf Jahn organisiert hatte. Erst seit 1991 verkehrt der ICE planmäßig.

Das Freiherr-vom-Stein-Gymnasium am Hindenburgplatz durchlebte in den 1980er und 1990er Jahren eine wechselvolle Geschichte: Das Foto vom Herbst 1985 zeigt den Protest der Schule gegen das Ansinnen, die Überwasser-Hauptschule, die Paul-Gerhardt-Realschule und das Stein-Gymnasium in eine Gesamtschule umzuwandeln. Das Gymnasium ließ sich an seinem alten Standort nicht auf Dauer halten. Im Jahr 2000 beschloss der Rat der Stadt, das Gymnasium in einem großen Neubau in Gievenbeck unterzubringen, der 2006 bezogen wurde.

Die Fürstenhof-Bierstuben, eine sich über zwei Etagen erstreckende Gaststätte am Ende der Ludgeristraße, schlossen nach 27 Jahren Ende 1986 ihre Türen. Der Traditionswirt Josef Horstmöller und die Brauerei waren nicht bereit, die drastische Pachterhöhung hinzunehmen. Wertvolles Inventar wie Delfter Fliesen nahm Horstmöller mit und nutzte es – soweit möglich – in seinem Alten Gasthaus Leve.

Terroralarm in Münster: Als Fehlalarm erwies sich letztlich der Einsatz von britischer Militärpolizei, deutscher Kriminalpolizei und Feuerwehr Anfang Juli 1989. Bereits seit Jahren verübte die IRA (Irisch-Republikanische Armee) Anschläge auf britische Truppen in der Bundesrepublik. Doch in diesem Fall war der unter dem Boden des Personenwagens eines britischen Militärangehörigen angebrachte Gegenstand eine Attrappe, die durch Feuerwerker des Bundesgrenzschutzes mit Spezialgerät kontrolliert in ihre Einzelteile zerlegt wurde. Wenige Monate später schossen Terroristen der IRA in Münster auf zwei britische Soldaten, die schwer verletzt wurden.

Hier wurde schon fleißig geübt für den großen Moment: Am 13. Oktober 1989 wurde das traditionsreiche Café Schucan am Prinzipalmarkt wiedereröffnet. Aufgrund des öffentlichen Aufbegehrens hatte sich die Douglas-Holding schließlich doch entschlossen, das Café – wenn auch in verkleinerter Form – unter der damals gleichfalls zu Douglas gehörenden Regie der Schweizer Confiserie-Kette Feller weiter zu betreiben. Allerdings war das einstige Flair verloren, und das Café konnte nicht an die alten Zeiten anknüpfen. 1997 wurde Schucan endgültig geschlossen.

Entsetzen herrschte über die Ermordung des Vorstandssprechers der Deutschen Bank Alfred Herrhausen am 30. November 1989. Ein Extra-Blatt der Zeitung Westfälische Nachrichten informierte in einem Schaufenster am Prinzipalmarkt die Passanten. Nach einigen Jahren ohne Terroranschläge hatte die dritte Generation der Roten Armee Fraktion bereits 1985 und 1986 mehrere Morde verübt.

Verkehr im Wandel

Die Möblierung des Straßenraums mit Kübeln aus Waschbeton hatte in den 1980er Jahren auch in Münster Hochkonjunktur. Dass aber Anlieger in Gremmendorf aufgrund fehlender städtischer Finanzmittel zur Selbsthilfe schritten und im Oktober 1982 die Kübel aus eigenen Mitteln finanzierten und von der Straßenverkehrsabteilung abnehmen ließen, war doch eher ungewöhnlich. Ob die mit immergrünem Strauchwerk bepflanzten Kübel zur Verschönerung des Straßenbildes beitrugen, bleibt fraglich, ebenso ihr Beitrag zu einer erhöhten Sicherheit, da viele Autofahrer die Fahrbahnmitte mit gleicher Geschwindigkeit wie zuvor befuhren.

Eines der großen münsterischen Ver-
kehrsprojekte der 1970er Jahre war
der vierspurige Ausbau der Ringstraße
zwischen Niedersachsenring und Kardinal-
von-Galen-Ring. Damit verbunden war ein
häufiger Wechsel von für den Autoverkehr
gesperrten und wieder freigegebenen
Straßen. Vor allem die Gievenbecker wuss-
ten hiervon ein Lied zu singen: War etwa
– wie im Bild zu sehen – die Corrensstraße
nach dem erfolgten Anschluss an den ausgebauten Ring wieder freigegeben, folgte
die Sperrung des Horstmarer Landwegs.
Wer lange nicht in diesem Teil der Stadt
unterwegs gewesen war, fand sich später
in den neu angelegten und ausgebauten
Straßenzügen kaum noch zurecht.

Erst im Herbst 1978 wurden die breiten Eisenbahnunterführungen im Kreuzungsbereich von Niedersachsenring, Ostmarkstraße und Bohlweg fertiggestellt. Die alten Brücken und die jeweils nur zweispurige Straßenführung waren dem wachsenden Verkehrsaufkommen schon lange nicht mehr gewachsen gewesen.

Gut gemeint ist nicht zwingend auch gut gemacht. Das bewahrheitete sich bei der aufwändig angelegten und nicht ganz billigen Fußgängerbrücke an der sogenannten Nordwestschleife in Kinderhaus. Sie sollte den Anwohnern ein gefahrloses Überqueren der damals vierspurig ausgebauten Straße Brüningheide ermöglichen. Vielen Bewohnern nahm die Ende 1981 fertiggestellte Brücke jedoch die Sicht. Eine große Akzeptanz fand sie bei den erwarteten Nutzern – eigene Rampen sollten für Kinderwagen und Rollstühle dienen – jedoch nicht.

Als das Auto noch das Maß aller Dinge von Stadtplanern und Politikern war, sollten auch in Münster die Verkehrsströme vor dem Bahnhof weniger behindert und die Fußgänger unterirdisch zum Bahnhof geleitet werden. Nach aufwändigen Planungen wurde schließlich Ende 1980 der Fußgängertunnel unter der Bahnhofstraße eröffnet. Innerhalb weniger Jahre vergammelte der Bahnhofstunnel zusehends und musste teuer zurückgebaut werden. Dabei hatten sich in der Unterführung durchaus gute Geschäfte niedergelassen. Ein Hauptärgernis bestand in den häufigen Defekten der Rolltreppen und den meist mit Fahrrädern zugestellten Aufzügen. Zusätzliche Probleme bereiteten Vandalismus und die ansteigende Nutzung des Tunnels durch Obdachlose und Drogenabhängige. 1999 wurde er endgültig geschlossen.

Wegen des sich ständig verschlechternden Bauzustands der Torminbrücke wurde 1986 der Abriss des unter Denkmalschutz stehenden Bauwerks beschlossen. Allerdings fanden Abbruch wie Neubau in Etappen statt, um weiterhin Verkehr über den Aasee führen zu können. Ende 1987 begann der Abriss der zur Innenstadt gerichteten Hälfte der alten Brücke. Links im Bild sieht man Fahrzeuge, die die bereits fertiggestellte Seite befahren. Die Pläne für die von 1926 bis 1933 errichtete alte Stahl-betonbrücke mit expressionistischer Formgebung stammten von dem münsterischen Regierungs-baumeister und Architekten Alfred Hensen. Die neue Torminbrücke wurde 1989 eröffnet.

Die Verlegung aller Bushaltestellen auf die Vorderseite des Bahnhofs erforderte auch eine Veränderung der Verkehrsführung und die Anlage eines neuen Warteplatzes für die Busse. Im Juni 1984 hatten bereits die Arbeiten auf dem Gelände zwischen Frie-Vendt-, Leo- und Friedrich-Ebert-Straße begonnen. Im September konnten die ersten Busse auf dem neuen Warteplatz parken. In dem ehemaligen Lagerhaus der Firma Carl Nolte war bereits das Jugendinformations- und -bildungszentrum (Jib) der Stadt Münster eingezogen.

Literaturhinweise

Deutschland in den 70er/80er Jahren (= Informationen zur politischen Bildung 270), hrsg. von der Bundeszentrale für politische Bildung, Bonn 2001.

Eschenhagen, Wieland/Judt, Matthias, Chronik Deutschlands 1949–2009, Bonn 2008.

Geschichte der Stadt Münster, Bd. 3, hrsg. v. Franz-Josef Jakobi, Münster 1993.

Haunfelder, Bernd, Münster. Wiederaufbau und Wandel, Münster 2000.

Hosfeld, Rolf/Pölking, Hermann, Die Deutschen 1972 bis heute. Auf dem Weg zu Einheit und Freiheit, München u.a. 2007.

Kirchhoff, Karl-Heinz, Der Prinzipalmarkt mit Michaelisplatz, Gruetgasse, Syndikatgasse und Syndikatplatz, Münster 2001.

Langenfeld, Hans/Prange, Klaus, Münster – Die Stadt und ihr Sport. Menschen, Vereine, Ereignisse aus den vergangenen beiden Jahrhunderten, Münster 2002.

Münster auf dem Weg ins 21. Jahrhundert. Planen und Bauen, hrsg. v. d. Stadt Münster, Münster 1998.

Obermeyer, Erhard/Beyer, Burkhard, Baustelle Münster. Eine Stadt erfindet sich neu, Münster 2011.

Richard-Wiegandt, Ursula, Das neue Münster. 50 Jahre Wiederaufbau und Stadtentwicklung 1945–1995, Münster 1996.

Weikert, Wolfgang/Haunfelder, Bernd, Café Schucan. Eine Legende, Münster 1995.

Wolfrum, Edgar, Die geglückte Demokratie. Geschichte der Bundesrepublik Deutschland von den Anfängen bis zur Gegenwart, Stuttgart 2006.

Abbildungsnachweis

Nina Balster, Imperia-Poggi (Italien): S. 107

Wolfgang Beckermann, Greven: S. 60

Moritz Brilo, Dorsten: S. 112

Doris und Norbert Bröker, Münster: S. 61

Dietlind Fischer, Münster: S. 69

Diddi Kröhn, Münster: S. 28, 57, 58 u., 59, 63, 87 o., 89, 100, 101 u.

Angelika Osthues, Münster: S. 53 u., 110 u.

Bernd Pirrone, Münster: S. 16, 41, 77, 132 o., 146 o., 147, 160 u., 161

Uta Ribbert, Münster: S. 37, 94, 134 o., 146 u.

Mona Siebke, Berlin: S. 110 o.

Ralph Spangenberg, Münster: S. 109 u.

Stadtmuseum Münster: S. 98 (Joachim Hänscheid), 153 (Willi Hänscheid), 162 o. (Willi Hänscheid)

Christian Steinhagen, Münster: S. 10, 15, 33, 62, 76, 101 o., 105, 111

Ultimo Verlag, Münster: S. 108 (Gerd Beike), 155 u. (Gerd Beike)

Wilhelm Walterscheid, Münster: S. 26, 159

Westfälische Nachrichten/Matthias Ahlke, Münster: Frontispiz, S. 21, 29 o., 31–32, 34–36, 38–40, 46–53 o., 54, 65–68, 70, 72–75, 78–80, 87 u., 88, 90–91, 93, 95, 99, 102–104, 106, 109 o., 114–117, 123–131, 132 u., 133, 134 u., 135–137, 139 o., 141–145, 148–151, 152 u., 154, 155 o., 156–158, 162 u., 163–169, 173

Westfälische Nachrichten/Dorothee Kellinghusen, Münster: S. 92

Westfälische Nachrichten/Rudolf Krause, Münster: S. 22–25, 27, 29 u., 30, 42–45, 55–56, 58 o., 71, 81–86, 96–97, 113, 118–122, 138, 139 u., 140, 152 o., 160 o., 170–172

Zellien, Münster: S. 64

Impressum

Titelgestaltung, Satz: bomholt@muenster.de

© 2011 Stadtmuseum Münster
Verlag: Aschendorff Verlag GmbH & Co. KG, Münster

Druck: Aschendorff Druck und Dienstleistungen GmbH & Co. KG, Münster

ISBN 978-3-402-12927-2